¿Los perjudicados son los culpables?

El abismo del miedo y la duda

JUAN A. CRESPO CABORNERO

CULTIVA

COLECCIÓN CULTIVA. NÚMERO 231

Primera edición: mayo 2012

© Cultiva Libros S.L.
C/ Palos de la Frontera, 25 - Madrid 28045
www.cultivalibros.com

Edición: A. de Lamo
Impresión: Publidisa

ISBN 13: 978-84-15534-40-2
Depósito Legal: M-18938-2012

IMPRESO EN ESPAÑA • UNIÓN EUROPEA

Quiero agradecer a mis padres, Pilar Cabornero y Nicolás Crespo, que me hayan animado a superar todos esos miedos que nos hacen menos libres.

También aprovecho estas líneas para dar gracias a Pilar Crespo Cabornero, a Natalia Cónsul, y a todos los niños y niñas de los colegios Nuestra Sra de las Nieves, Liceo Cónsul y Lope de Vega, por su apoyo y generosidad.

Blog

Visita el blog de:
¿Los perjudicados son los culpables?
El abismo del miedo y la duda.

Escribe en tu buscador de Internet: *¿Los perjudicados son los culpables? El abismo del miedo y la duda,* y anímate a leer y a escribir lo que consideres conveniente. Encontrarás opiniones, comentarios y otras cuestiones que te pueden resultar de interés.

Capítulo 1

Existen temores ocultos en nuestra conciencia que nos acompañan en todos los viajes que hacemos. Son miedos que esperan para sorprendernos en los caminos más oscuros y solitarios, con el objetivo de desafiarnos en un duelo en el que nos enfrentaremos a nosotros mismos. Entonces, surgirá un abismo en nuestro interior que desearemos ignorar, el abismo insondable de sentir el terror en el que la realidad convive con lo irreal, la mentira es parte de la verdad, lo irracional se confunde con lo racional y las certezas se ahogan ante dudas tan simples como escalofriantes y aterradoras.

Los miedos que nos persiguen están conectados al hecho de que la naturaleza humana está por descubrir y, en ocasiones, bordea los límites de lo mágico y lo sobrenatural.

Fue el miedo lo que me empujó a marcharme a Southampton, al sur de Inglaterra. Dejé Madrid, atravesé la mitad de España y casi toda Francia, de sur a norte, viajando en autobús de estación en estación. El viaje en avión hubiera sido más cómodo pero arriesgado, porque habría dejado un rastro fácil de localizar. Cualquiera puede acceder al nombre de los pasajeros de los vuelos. Por otra parte, no tenía prisa y necesitaba tiempo para pensar qué iba a hacer. Viajar así me ofrecía la ocasión de ir percibiendo con más intensidad los cambios que conlleva todo recorrido, y me ayudaba a moderar mi miedo.

En aquel viaje, me distraía pensando que las estaciones de autobús aún conservan ese gesto cotidiano que nos envuelve en el placer de sentir la vida que discurre en las ciudades a las que llegas o de las que te vas. En todas estaciones se reconoce la mirada perdida, pensativa o expectante de gente inmersa en historias que se entrecruzan, para crear otras historias.

Huí a Southampton para salvar mi vida. El otoño fue mi acompañante, sus colores pardos, amarillentos, rojizos y ocres; sus olores a humedad, a tierra y madera empapadas en lluvia; sus sonidos callados y expectantes mezclados con los del viento que empuja las hojas secas en calles vacías, permanecieron a mi lado en todos los paisajes que recorrí desde Madrid a Southampton. El otoño, entonces, me arropó con la fuerza melancólica de sus sensaciones y me condujo a un destino que exigía reinventarme para seguir vivo.

En el último tramo de aquel largo viaje en autobús, en el trayecto de Londres a Southampton, entendí que necesitaba superar el miedo a que me mataran, si realmente deseaba vivir con libertad. Necesitaba transformarme para dejar de ser víctima de la amenaza permanente de mis miedos y para recuperar la pasión que en otro tiempo había guiado mi vida. Quería actuar sin eludir la emoción de implicarme en lo más interesante; de ser no sólo el actor, sino también el director y el protagonista de mi propia vida. Y ahora, después de más de dos años, cuando ya creía que me había liberado de la esclavitud del miedo, un terror inesperado irrumpe otra vez envolviéndome en una circunstancia espantosa, que me hace dudar quién soy realmente y si estoy inmerso en un nuevo laberinto de aciagas perspectivas o si, por el contrario, me enfrento al desafío más importante y valioso de mi vida.

Seguro que sería más cómodo y menos peligroso refugiarse en la estabilidad de esa rutina equidistante que nos marca las fronteras de hasta dónde podemos llegar y hasta dónde no, sin poner en riesgo la tranquilidad de la vida cotidiana; pero siempre he huido del confort de lo fácil. Lo cómodo me parece un patíbulo que frena y estrangula el deseo de arriesgarse a sentir la pasión que esconde vivir hasta las últimas consecuencias aquello que realmente nos interesa.

Recuerdo el día que llegué a la estación de autobuses de Southampton. Era una tarde húmeda y fría, como la de hoy. Mientras la lluvia me mojaba, pensé que con esa agua me rebautizaba, y desde aquel momento me llamaría Paul Smith. Necesitaba cambiar de nombre. Fue la propia policía española quien me aconsejó marcharme de Madrid y adoptar este nombre, por ser uno de los más habituales en el Reino Unido. También me proporcionó una nueva documentación, con doble nacionalidad, española y británica, y me sugirió cambiar de aspecto. Todo ello para dificultar que alguien conectado con la Asociación Cosmosófica Fider Illuminati (ACFI), o con cualquier otra secta afín, de las que habían prometido vengarse asesinándome, pudiera realizar su amenaza. Yo no tenía la menor duda de que lo intentarían, pues me habían descrito ante sus seguidores como la reencarnación de una energía maligna que tenía los objetivos de acabar con sus comunidades y de ocultar las verdades que ellos defendían.

Aquella tarde otoñal de noviembre me alojé en un pequeño hotel en el centro de la ciudad de Southampton, en West Quay Road; pero a los pocos días me mudé a la casa de las hermanas Molly y Dolina Brown, donde alquilé una habitación. Allí permanecí durante varios meses, hasta que las circunstancias me empujaron a cambiar de alojamiento.

Yo ya poseía la doble nacionalidad británica y española. Soy hijo de un padre español y una madre inglesa, que murieron cuando sólo tenía unas pocas semanas de vida. Lo que fue un golpe de suerte para mí, según me repitieron muchas veces mis abuelos, porque si no hubieran muerto ellos primero, seguro que habrían acabado matándome en uno de sus espectáculos. Mis padres fallecieron ante el escalofrío y el estupor de un amplio grupo de espectadores de todas edades, en plena representación circense. Eran lanzadores de cuchillos y se mataron en un espectáculo en el que ambos se lanzaban cuchillos al mismo tiempo en dirección opuesta, que deberían haberse quedado clavados en la superficie de tablones que se hallaban a sus espaldas. Pero algo falló y los dos perecieron.

Mis abuelos, que eran los únicos familiares directos que he llegado a conocer vivos, fueron los que me cuidaron hasta que me independicé. Mi infancia la pasé en Asturias, en Oviedo, con mis abuelos paternos. Mi abuelo había sido maestro. Él me inculcó mi pasión por el fútbol femenino. Siempre he querido ser entrenador de un equipo de fútbol femenino. Él decía que ver jugar a los futbolistas era tan aburrido como ver correr a los "virusos" y "raposillos" del Fontán; sin embargo, recrearse con el fútbol femenino era "cosa fina" que se debía inculcar en el parvulario. Cuando murieron, yo tenía unos doce años, y me fui a vivir a la pequeña ciudad inglesa de Norfolk con mi abuelo materno Erich. Él fue quien inspiró mi vocación por el teatro. Pese a que ya había cumplido los setenta, cuando me quedé a vivir con él, seguía trabajando como actor. Formaba parte de la Agrupación Cómica de Actores Maddermarket Theatre, de Norfolk, y no dejó de representar algún papel sobre el escenario hasta que murió, justo el día que cumplió ochenta y tres años. Conoció a Charlie Chaplin, y tenía una fotografía, en la que posaba con él, colgada en el recibidor de su casa. Su filosofía existencial se basaba en un dicho que repetía a quienes le contaban sus penas, que era: "el buen actor no niega su miedo cuando sube al escenario, pero reconoce que los espectadores son mucho más importantes que todos sus miedos".

CAPÍTULO 2

Todo empezó cuando Sara, mi novia, decidió asistir a unas clases de yoga y relajación en uno de los sótanos de la calle Beneficencia, muy próxima a la calle Fuencarral, en el Distrito Centro de Madrid. Le pillaba cerca de su casa, y el horario de las sesiones era óptimo, a las ocho y media de la tarde. Iba directamente al salir de trabajar. Era una actividad que le permitía desconectar de todos los problemas por los que atravesaba en su empresa, y una forma de profundizar en temas que siempre le habían interesado, como la meditación, la astrología, la importancia de seguir una dieta vegetariana, etc.

Sara era muy perfeccionista y supersticiosa. Poseía una personalidad obsesiva que le hacía tener como objetivo permanente conseguir lo que se había propuesto. Así, había logrado ocupar un puesto relevante en la inmobiliaria donde trabajaba y hacerse con la propiedad de varios pisos en pocos meses. Pero, pensaba que lo bueno y lo malo que le sucedía tenía un carácter fortuito, le parecía que, en último término, dependía de la suerte. Todo lo relacionaba con la buena y la mala suerte, y había desarrollado una mentalidad supersticiosa que, en muchos casos, resultaba grotesca. No tenía ninguna prenda amarilla, no porque no le gustara, sino porque, según decía, todo lo amarillo daba mala suerte. Me repetía que siempre sería mi novia, nunca mi esposa, porque casarse daba mala suerte. Cuando veía una mosca al alcance de su mano, trataba de cazarla al vuelo encerrándola en su puño, porque cazarla daba buena suerte; pero si se le escapaba seguro que tendría mala suerte. De ahí que, siempre que veía una mosca accesible, la atrapaba al vuelo y, luego, la aprisionaba entre cualquier dedo y la palma de la mano, apretándola hasta aplastarla. Después, con una sonrisa ingenua y adorable, mientras se limpiaba la mano con un pañuelo de papel y un poco de perfume, que sacaba de su bolso, con una mirada satisfecha y tranquila, solía comentar a quienes presenciaban aquel hecho:

-La suerte escasea, es un privilegio de pocos. Sólo premia a quienes seguimos sus ritos. Tenía que escoger entre la suerte de la mosca y la mía, y no lo he dudado.

Por otra parte, a pesar de ser una persona llena de cualidades positivas y logros personales, necesitaba el reconocimiento permanente de quienes la rodeaban, si no se sentía insegura, no reconocida, incluso rechazada. En aquel momento su trabajo en la inmobiliaria iba de mal en peor, Sara necesitaba distraerse y relajarse cuando finalizaba su actividad laboral, y las clases de yoga nos parecieron una solución.

Yo mismo la acompañé algunas de las primeras sesiones. Realizábamos una sencilla tabla de yoga y un ejercicio posterior de meditación, rodeados de olor a sándalo, luz tenue y música relajante. Nos lo pasábamos bien. En una atmósfera distendida hacíamos los ejercicios de relajación dirigidos por un maestro de yoga de origen argentino, que se hacía llamar hermano Zerachiel. Sara se convirtió en uno de los miembros más asiduos de aquellas reuniones, y acabó haciéndose habitual que yo fuera a recogerla a la salida para, luego, ir juntos a cenar.

El hermano Zerachiel nos pareció, sin lugar a dudas, un personaje fascinante. Era un hombre austero, aparentemente de gran sencillez, que desprendía paz, serenidad y bienestar. Era atractivo, con una sonrisa permanente y una mirada fija que demostraba interés y atención. Parecía una de esas personas afables y tranquilas a quienes les gusta escuchar más que hablar.

Un día, cuando Sara acabó una de aquellas sesiones de yoga y relajación, me preguntó si estaba de acuerdo en que invitáramos al hermano Zerachiel a cenar en su apartamento, y a mí no me pareció mala idea, aquel hombre me caía bien. Los tres disfrutamos de la cena, y fue entonces la primera vez que yo oí hablar de la Asociación Cosmosófica Fider Illuminati o ACFI, de la que el hermano Zerachiel nos dijo que formaba parte.

A los pocos días, Zerachiel nos invitó a Sara y a mí a visitar durante el fin de semana el lugar en el que residían él y los otros miembros de la comunidad de la ACFI en Madrid. A mi me pareció una idea estupenda para distraer a Sara de los problemas que había sufrido durante los últimos días en su trabajo. Se trataba de un edificio diseñado como un monasterio moderno, rodeado por un enorme jardín taoísta, de no menos de tres hectáreas, vallado con un muro cubierto por hiedras, que me pareció de una altura desmedida. En aquel momento, pensé que tenía el aspecto de un recinto fortificado. Aquella residencia no queda lejos del municipio de Manzanares el Real, de la zona conocida como La Pedriza, en el noroeste de la Comunidad de Madrid.

Al llegar allí, dejamos el coche en el interior de la finca, justo al lado de la puerta, y seguimos el camino que nos conducía hacia el edificio. Lo que más me llamó la atención de aquel extenso jardín que rodeaba la casa, fueron las numerosas esculturas con símbolos astrológicos que había. Estaban situadas a lo largo de diversos senderos, acompañadas de algún banco y una fuentecilla. Cuando llegamos al edificio nos recibió Zerachiel, que nos esperaba en la puerta. Le comenté el interés que habían despertado en mí las esculturas que había visto, y él me dijo que todas ellas eran representaciones de astros, y que estaban colocadas en el jardín siguiendo el orden que marcaba el camino o tabla de ascenso de la cábala cosmosófica basada en la astrología védica.

Sara y yo realmente disfrutamos rodeados de aquella gente, de la naturalidad con que vivían su excentricidad y esoterismo. Todo el mundo nos acogió como si ya nos conocieran y nos permitieron participar en las actividades rutinarias del grupo. Para finalizar aquella jornada, Zerachiel nos presentó al director de la comunidad o abba-sefirot, como ellos lo llamaban, con quien tuvimos una entrevista de unos quince minutos.

Aquel hombre nos comentó que para los miembros de su comunidad la vida en la Tierra consistía en profundizar en la fuerza de nuestra conciencia, con el fin de acceder a niveles de energía superiores situados en otros espacios extraterrestres que, a su vez, conducen a la conciencia a una plena comunión con el universo en su totalidad. Para vivir en coherencia con ese objetivo necesitaban distanciarse de las creencias de las sociedades actuales, de la falsedad, distracciones y preocupaciones que les rodeaba, y renunciar a su libertad personal sometiéndose a la dirección paternal del guía supremo de cada comunidad o abba-sefirot, que disponía de poderes especiales.

Unas semanas después volvimos a visitar la misma residencia de la ACFI, esta vez para asistir a una ceremonia especial que, según le contaron a Sara, consistía en el desarrollo de un ritual a través del cual el abba-sefirot realizaba una regresión hipnótica que ponía en contacto a quienes participaban en aquel rito con algunas de sus vidas anteriores.

Yo pensaba que sólo tenemos una vida y, por consiguiente, no creía en absoluto en la posibilidad de realizar una especie de retroceso o vuelta atrás a vidas anteriores; pero me resultaba entretenido e interesante comprobar cómo actuaban o reaccionaban las personas sometidas a la dinámica de grupo que propiciaba ese tipo de ceremonia. Para mí aquello no dejaba de ser una especie de espectáculo y, como actor, me atraía. Además, volver a aquel lugar era una forma de complacer a Sara y de distraernos saliendo de la rutina cotidiana.

El ritual se celebró dentro del edificio, en la sala que llamaban salón de actos y ceremonias. Era un espacio amplio, lleno de claridad, con paredes laterales construidas parcialmente con ladrillos de vidrio que dejaban pasar la luz de patios interiores. Nada más entrar allí, lo primero que pensé es que aquella sala tenía la misma estructura que el plano de un teatro. Estaba dividida en dos zonas: por un lado, el escenario, que se situaba en un nivel ligeramente más alto, presidido por un muro frontal cubierto por una fotografía en blanco y negro, que exhibía una imagen del universo, y, más o menos, en el centro del escenario había una estatua de algo parecido a un ser humano de unos dos metros de altura, con dos caras, una femenina y otra masculina, y diez brazos y manos, que sostenían objetos relacionados con los símbolos de algunos astros, lo que venía a representar el decorado; por otro lado, estaba el lugar que ocupan los espectadores. Y así, se lo comenté a Sara. Ella me respondió que, de la misma manera, aquel lugar se podía comparar con un templo, pues el escenario podía equipararse al altar y al púlpito, y la zona de butacas a la reservada para los fieles.

Al comienzo, el ritual de regresión hipnótica para acceder a las vidas anteriores de los miembros de la ACFI que subían a la zona del escenario o altar, me pareció entretenido, pero demasiado previsible. Se trataba de un rito en el que el abba-sefirot, vestido con una túnica color celeste, invitaba a subir al escenario a alguno de los miembros de su comunidad, que hasta ese momento habían permanecido sentados, haciendo la función de público silencioso y expectante. Cuando uno de los asistentes a la ceremonia subía al escenario, se sentaba cerca del abba-sefirot y dejaba de ser espectador para convertirse en actor. Al menos aparentemente, era hipnotizado y respondía, describiendo con gran plasticidad, a las preguntas y sugestiones que se le hacían. Algunos de los que participaron en la regresión manifestaron que en vidas anteriores experimentaron ser diferentes animales, o personas que recordaban situaciones tremendas, como crímenes, o vivencias extravagantes, como viajes interplanetarios. Todos ellos, al final de su participación en el ritual, expresaban de cara al resto de los asistentes su sorpresa y convencimiento sobre la veracidad de las visiones que habían experimentado bajo los efectos de la regresión.

Según presenciaba la representación, más o menos repetida, de quienes participaban en la regresión hipnótica, con escenas que caían en una sobreactuación involuntaria de sus protagonistas, realizando gestos estrambóticos y pronunciando una voz entrecortada que alargaba todas las sílabas para enfatizar su estado de trance, yo tenía la impresión de que asistía a una sucesión de delirios fantasiosos, fruto del poder de sugestión que ejercía sobre aquellas personas la fascinación seductora del liderazgo del abba-sefirot y de la dinámica de grupo que utilizaban para reconocerse como parte de una comunidad especial con la que identificarse e interactuar. Pensaba que estaba presenciando una especie de falsa comunitaria, reconfortante para quienes la vivían como creyentes, que les disuadía para no reconocer que participaban en una ceremonia que no era más que pura sugestión colectiva. Sin embargo, pese a que veía el autoengaño sobre el que se montaba todo aquel espectáculo, por otra parte, valoraba la confianza que aquella gente nos ofrecía, tanto a Sara como a mí, permitiéndonos presenciar como invitados aquellas experiencias rituales; por tanto, me mostraba serio y respetuoso, reproduciendo los gestos y actitudes del resto, adoptando el papel de un creyente más dentro del patio de butacas.

Pero las circunstancias empezaron a complicarse cuando el abba-sefirot pidió a Sara que subiera al escenario y le preguntó si deseaba participar en la ceremonia. Ella accedió y colaboró con la regresión como un miembro más del grupo. Ante mi perplejidad, comentó que en vidas anteriores había formado parte de la población de planetas distantes en otras galaxias, y describió con gran colorido y detalle algunos de esos mundos perdidos.

Mientras Sara terminaba su participación escénica en la ceremonia dando las gracias al abba-sefirot, con una gran sonrisa y muestras de satisfacción, sino de entusiasmo, ante la experiencia que acababa de vivenciar; empecé a temerme que el siguiente invitado en narrar escenas de vidas previas iba a ser yo. Entonces, un malestar general me envolvió, porque, de alguna forma, me veía forzado por la dinámica general del grupo a participar en la escenificación de una farsa, que perdía toda su comicidad en la medida que los espectadores creían que lo que era pura representación teatral era real. La magia del teatro, pensaba en ese momento, es reconfortante mientras la ilusión del espectáculo no se convierte en engaño. Y, para mí, aquella ceremonia era un espectáculo conectado con el autoengaño y lo fraudulento. Pensé que si me invitaban a participar lo haría amablemente, pero siendo sincero con toda la naturalidad, diciendo honestamente lo que sentía o creía, independientemente de lo que pudiera pensar el resto.

Y así fue. Mientras Sara bajaba del escenario, el abba-sefirot se dirigió a mí y me invitó a subir y a dejarme guiar por él para introducirme en la regresión del recuerdo de vidas previas. Ya en el proscenio, por defecto, agaché la cabeza para saludar al público, el abba-sefirot frunció ligeramente el ceño y, con una sonrisa ligeramente forzada, dijo que me sentara en la silla que presidía el centro del escenario, justo delante de la estatua de doble cara y diez brazos. Después, me preguntó si estaba cómodo y, como había hecho con los participantes anteriores, añadió que después de contar diecinueve en orden inverso, comenzaría con el proceso de hipnosis regresiva. Arropado con el silencio total de quienes observaban sentados, expectantes ante el inicio de la narración de un episodio oculto de alguna de mis vidas pasadas, el abba-sefirot, en su papel de sacerdote que ponía en práctica el ritual, con voz sedosa, pronunciando en tono muy pausado y profundo, añadió que, mientras él contaba, yo debía relajarme, anulando todo tipo de resistencias y miedos, sintiendo cómo su voz apaciguaba los diferentes niveles de acceso al control de mi mente.

Así lo hice, y lo último que recuerdo de ese intento frustrado de hipnosis fue que sentí un dolor fuerte y agudo en el pecho, seguido de una sensación de asfixia y vértigo que me hizo extender los brazos en busca de ayuda, al tiempo que notaba que se me nublaba la vista. Ya no tengo más memoria de aquel episodio hasta que recuperé la conciencia un buen rato después. Estaba sólo con Sara y Zerachiel, que me miraban consternados, con un gesto serio de preocupación y horror contenido, como si hubieran presenciado algo terrible y espantoso. Tenía parte de la mano derecha hinchada y morada y el dedo meñique roto. Una vez que vieron que me recuperaba con normalidad de la pérdida de conciencia, Sara condujo mi coche y me llevó a urgencias de un ambulatorio cercano al piso en que yo vivía, donde me escayolaron desde la mano hasta el codo. Sara comentó al médico que había sufrido una crisis de epilepsia durante una reunión de amigos y que, por accidente, me di un golpe contra una pared.

Sin embargo, minutos después, cuando estábamos solos en mi apartamento, me explicó una versión del accidente bien distinta, que parecía más el resultado de un espejismo o de una alucinación de histeria colectiva, que un hecho creíble. En tono muy confuso, mostrándome gestos que mezclaban expresiones de disgusto, asombro, incredulidad, temor, desconfianza y recelo, me contó que, justo cuando el abba-sefirot terminó la secuencia de cuenta atrás desde el número diecinueve, yo me desmayé. Entonces, todo el mundo se acercó para ver qué me pasaba. Sara subió rápidamente al estrado, se puso de rodillas y, mientras gritaba mi nombre, pidió varias veces que llamaran a un médico.

A continuación, notó que recuperaba la respiración, pero en lugar de recobrar la normalidad, percibió que algo extraño estaba ocurriendo. Mi cuerpo se ponía rígido deformando el gesto de mi cara, exagerando la forma de mis músculos; sintió cómo mi piel palidecía y se cubría de sudor y, cuando abrí los ojos y la miré, se asustó, descubrió que no era yo quien la miraba y dio un grito retirando sus brazos y realizando un movimiento que la apartaba ligeramente de mí. En seguida, yo me incorporé, miré desafiante a todos los que me rodeaban y rugí dos veces de forma prolongada y amenazadora, emitiendo un sonido tan terrible que, según Sara, ningún ser humano puede repetir. Fueron rugidos aterradores más propios de un ser de otro mundo. A mi alrededor todos estaban absortos, paralizados ante un terror que les hizo retroceder lentamente unos pasos para alejarse, sin tener valor para correr ni gritar, observando con pánico lo que iría a hacer. Fue entonces cuando golpeé con la mano derecha la figura de dos caras y diez brazos y la lancé contra el muro frontal y, a continuación, vocalizando con aquel sonido sobrenatural dije algo así como "Angra Mainyu Ogazn". Después, me quedé mirando fijamente a Sara y aquella furia repentina, que no parecía humana, fue retrocediendo hasta dar paso a una crisis real de epilepsia y posterior inconsciencia. Me desperté aproximadamente media hora después, tumbado sobre una cama, en una habitación en la que no recordaba haber entrado, bajo la mirada atenta y preocupada de Sara y Zerachiel, que permanecían a mi lado en silencio.

Durante las semanas posteriores, los problemas de Sara en el trabajo fueron empeorando hasta que, finalmente, se desbordaron y decidió no volver más a la inmobiliaria para la que trabajaba. Entonces, se volcó en su actividad de las clases de yoga. Visitaba la residencia de la Asociación Cosmosófica Fider Illuminati con cierta frecuencia. Allí todo el mundo le decía que tenía unas capacidades excepcionales para la meditación y para focalizar la energía de su entorno en curar o aliviar la ansiedad y dolores de otras personas. Incluso, llegó a creer que tenía capacidad telepática con quienes llamaba "almas afines". Paulatinamente, Sara me iba alejando de su nuevo mundo de intereses y conocidos.

Pocos meses después, me llamó angustiada la madre de Sara, diciéndome que se había despedido de ella porque, como le había comentado, iba a ingresar en una comunidad espiritual y necesitaba irse a otro país con la intención de renacer con una personalidad más pura y elevada. Sara no me había contado nada al respecto, así que, de inmediato, la llamé y quedamos para que me aclarara qué ocurría. Fue entonces cuando me comentó que iba a vender todas sus propiedades para entregarlas a la Asociación Cosmosófica Fider Illuminati, de la que había decidido formar parte viviendo en una de sus comunidades como un miembro más. Me dijo que se iría a vivir a la sede que esa asociación tiene en Denver, en el estado de Colorado, al oeste de los Estados Unidos. Me repitió que había tomado aquella decisión libremente, que era el resultado de una reflexión meditada. Cuando le insistí en que todo aquello era un error, que estaba abandonando a las personas que más la querían: a su madre, a mí y al resto de su familia y amigos. Me respondió que éramos parte del pasado y, por otra parte, seguiríamos unidos a ella de forma espiritual. Dijo que, en realidad, sus padres habían sido una especie de tutores pasajeros, pues su espíritu era anterior a su nacimiento en la tierra. Ella ya existía como una entidad de origen extraterrestre de la que conservaba algunos vagos recuerdos, a los que había llegado por sueños y experiencias de trance en ejercicios de concentración e hipnosis. Sara me dijo que adoptó forma humana para continuar su camino de búsqueda y ascensión espiritual hacia otros planetas habitados por entidades superiores de los que ella aspiraba a formar parte cuando alcanzara el grado de pureza y perfección al que estaba predestinada.

No podía creer que fuera real lo que me sucedía. Le dije, que todo lo que me estaba contando me parecía una locura. Estaba atónito, confundido, enfadado y totalmente desarmado para hacer cambiar de opinión a Sara. Nervioso, con cierto grado de reproche, le respondí que resultaba gracioso saber que había tenido una novia extraterrestre durante varios años y no me había dado cuenta. Por más que traté de persuadir a Sara para que cambiara de actitud, no pude hacer nada. En aquel momento, sentía rabia y frustración, comprendía que las clases de meditación y el tal Zerachiel fueron, en realidad, una trampa en la que Sara había caído, y yo no había sido consciente de la gravedad de la situación hasta entonces. Me daba cuenta de lo banales que resultan a veces nuestras relaciones, incluso aquellas que creemos más personales y profundas, cuando reconocemos que no hemos sido capaces de descubrir los intereses fundamentales de quienes apreciamos.

En aquel momento, Sara me devolvió el ejemplar de *El retrato de Dorian Gray* que yo le había regalado. Se trataba de un librito editado en 1891, por Ward, Lock and Company, que perteneció a mi bisabuelo y yo consideraba un tesoro. Sara me comentó que dentro de aquel librito había metido una carta dirigida a mí, en la que especificaba que la decisión de formar parte de la ACFI y terminar con nuestra relación de pareja era una decisión libre. Entonces, envuelto en un impulso de resentimiento y enfado, saqué la carta y se la entregué a Sara, comentándole que no necesitaba ningún acta notarial o declaración jurada para terminar con nuestra relación; pero ella cogió el libro de mis manos, lo abrió y volvió a meter aquella carta y, a continuación, me hizo prometer que no la leería hasta pasados unos días, con más calma, para poder entender todo lo que allí se decía, sin el resentimiento que entonces me dominaba.

No pude resistir la tentación, y nada más llegar a casa abrí la carta que Sara me había dejado dentro del libro que me había devuelto. Allí, después de repetir lo que ya me había dicho cuando nos habíamos visto, me comentaba que el día que ella y yo fuimos a la casa de la ACFI y participamos en el ritual de la regresión hipnótica, se desencadenó un fenómeno cósmico peculiar en el que dos fuerzas en lucha desde tiempos remotos habían abierto unas puertas de acceso a nuestro mundo, y esas puertas éramos, precisamente, Sara y yo. A través de Sara se había canalizado una fuerza de defensa del bien y a través de mí una fuerza conectada con el mal. Además, añadía que la solución para devolver a su lugar de origen a aquella fuerza maligna que iba a servirse de mí consistía en que se me realizara una especie de exorcismo. Finalizaba su carta justificando aquel delirio absurdo, más propio del argumento de una película de *Terminator* que de un hecho real, diciendo que ella misma había podido reconocer con gran nitidez, en la información que le aportaba la cábala cosmosófica, una descripción inequívoca de lo que nos había ocurrido y lo que debíamos hacer.

CAPÍTULO 3

Investigué aquella asociación. Descubrí que estaba clasificada en varios países como secta peligrosa. Existían denuncias que describían detalladamente cómo los líderes de los diferentes grupos de la ACFI ejercían un control ciego e irracional sobre sus seguidores, a quienes manipulaban aislándoles del resto del mundo y creando en torno a ellos una realidad falseada. Organicé un grupo de presión internacional conectando a familiares de afectados de diferentes países, con la intención de denunciar la manipulación y estafa en la que se encontraban la práctica totalidad de los miembros de la Asociación Cosmosófica Fider Illuminati y la indefensión que sufrían sus familiares. Elaboramos un marco de acción basado en divulgar información sobre las sectas, en organizar vías de comunicación entre los familiares afectados y en realizar actividades concretas de presión a través de denuncias judiciales, que nos permitieran indagar la situación real de las personas desaparecidas dentro de las sectas.

La respuesta por parte de aquella asociación no se hizo esperar, empecé a recibir amenazas intimidatorias. Primero, fueron llamadas de teléfono a los lugares donde me encontraba y notas escritas acompañadas de objetos relacionados con los lugares por los que había pasado, como servilletas de papel de las cafeterías donde había entrado o billetes de autobús del mismo recorrido que yo acababa de realizar. Eran intimidaciones que tenían como objetivo mostrarme que estaba vigilado. Pero las amenazas se convirtieron, si cabe, más explícitas y peligrosas después de que, en colaboración con una organización de familiares de personas que habían sido captadas por sectas, publiqué un libro con el título de *El peligro de las sectas actuales*. Dos semanas después, una televisión de cobertura nacional emitió una entrevista sobre el libro, en la que varias madres de personas que habían ingresado en la Asociación Cosmosófica Fider Illuminati, que me acompañaron en la entrevista, acusaron a este grupo de ser una secta peligrosa, y a sus dirigentes de actuar como criminales y estafadores.

Al día siguiente de la emisión de la entrevista en televisión, cuando llegué al teatro en el que trabajaba y entré en mi camerino, me encontré que toda la ropa que yo utilizaba para caracterizarme del personaje que interpretaba estaba rasgada. A pesar de todo, resolvimos el problema; pero durante la actuación, un hombre llamó al teatro avisando que en pocos minutos estallarían dos bombas allí y, apenas habían pasado unos segundos, hubo una explosión en un servicio, que aunque no provocó grandes destrozos sí obligó a suspender la función y a desalojar el teatro.

Recibí varios correos electrónicos y comentarios amenazándome de muerte en los *blogs* que había creado para promover la difusión del libro y el interés en la función de teatro en la que estaba trabajando. Las amenazas iban firmadas por nombres de grupos o sectas que ni siquiera conocía y, la verdad, no les di mucha importancia. Pero el tono de las amenazas cambió cuando, un día, al llegar a casa, descubrí que alguien había entrado en el piso en el que vivía y había matado a mi perro repartiendo trozos del pobre animal por todos los lugares, manchando las paredes con sangre. En una de las paredes del salón habían dejado escrita la palabra Mordad. La propia policía me dijo, mientras recogían pruebas y fotografiaban todos los detalles de la cruel escena, que Mordad podía estar relacionado con el nombre de un mes en uno de los calendarios del antiguo Irán o, también, era el nombre de un ángel conectado con la cultura de los persas, al que de otra forma llamaban Azrael, Abu Yaria o ángel de la muerte. Y que, tal vez, tendría que ver con alguna de las sectas que me estaban amenazando. Entonces me acordé que los líderes de la ACFI adoptaban nombres de ángeles.

Alquilé una habitación en un piso compartido cerca de la zona de Atocha, en uno de los lugares más castizos y populares de Madrid, a pocas calles del teatro donde trabajaba. No deseaba vivir sólo después de lo que me acababa de pasar. Pero me sirvió de poco, dos semanas más tarde la policía me llamó al teatro, alguien había asesinado a uno de los inquilinos con los que compartía el piso. Cuando llegué, ya se encontraba el mismo grupo de policías que estuvo investigando en el piso anterior. De nuevo, toda la vivienda estaba manchada de sangre. Habían realizado con uno de mis compañeros de piso el mismo ritual que hicieron con mi perro. Los trozos de su cuerpo estaban esparcidos por las habitaciones. En una de las paredes de mi dormitorio habían vuelto a escribir con sangre el nombre de Mordad y, esta vez, además, sobre el suelo habían dibujado tres circunferencias concéntricas, en cuyo interior habían dejado una fotografía mía, recortada de algún periódico; una página arrancada del libro que yo había publicado sobre las sectas, donde la frase que decía "los perjudicados son siempre los culpables" estaba subrayada con sangre; y, debajo, el corazón del hombre asesinado. Entre las circunferencias se podían ver signos. La policía no tardó en averiguar que estaban escritos en una lengua antigua persa llamada avéstico, conectada con el zoroastrismo. Los signos transcritos venían a traducirse como: "Anagra Mainyu", que aludían al dios o representación del mal en esa religión. Además, me comentaron que, sólo como una mera hipótesis, pudiera ser que el asesino, que firmaba como Mordad, podía estar escenificando un ritual en el que él hacía de una especie de ángel llamado Mordad, que tenía como función devolverme al interior de las fronteras del infierno que representaban las circunferencias concéntricas.

En ese momento, yo trabajaba con la compañía de teatro El llanto de la cabra, representando la obra de Oscar Wilde *El retrato de Dorian Gray*. Realizaba el papel de Lord Henry. La presión de todo lo que me estaba ocurriendo se reflejaba en mi trabajo sobre el escenario. Aquella semana me obsesioné con unas líneas del texto que recitaba en mi actuación, y a todas horas me sorprendía a mí mismo repitiendo mentalmente las mismas palabras una y otra vez, como si fuera una especie de letanía o rito que me hacía olvidar lo que me estaba pasando o, por el contrario, me mostraba con una claridad que no era capaz de dilucidar todo lo que me estaba ocurriendo. Aquellas palabras que yo pronunciaba al comienzo del segundo acto eran estas: *"Lo más importante en la vida es la propia realización, ser lo que podemos llegar a ser. Liberar nuestra propia naturaleza tal cual es. Para eso es para lo que cada uno de nosotros está aquí. Pero, en la actualidad, la gente está asustada de sí misma. Hemos olvidado el deber principal, el deber que tenemos adquirido para con nosotros mismos. Por supuesto, la gente es caritativa, contribuye ayudando a dar comida a quien pasa hambre y dando ropa a quien le falta. Pero sus propias almas están hambrientas y desnudas. El valor ha desaparecido de los pueblos. Quizá nunca lo tuvimos. El terror que envuelve la sociedad, que es la base de la moral, el terror de Dios, que es el secreto de la religión, eso es lo que nos gobierna..."*

Ese domingo el patio de butacas estaba lleno, se habían vendido todas las entradas. Antes de salir a escena, comenté a la directora de la representación, a Robyn Flamer, que notaba una angustia especial, como si sintiera que la gente hubiera ido al teatro para contemplar no sólo la representación de la historia de Oscar Wilde, sino con la intención de encontrarse con algún acontecimiento inesperado, alguna emoción imprevista. Ella me respondió que aquel sentimiento era fruto de la tensión, que no le diera mayor importancia. Pero, en plena actuación, al comienzo del segundo acto, involuntariamente, me salté el guión y, mirando al público, sin ver nada más que una gran oscuridad, repetí aquel texto que me había obsesionado durante varios días. La segunda vez que lo recité, transformé mi tono de voz, mi mirada cambió hasta desencajar mi gesto, como si estuviera siendo objeto de una posesión diabólica. Tras la repetición de las mismas palabras se produjo un gran silencio que apenas duró unos segundos, interrumpido por el inesperado ruido de una silla que tiró accidentalmente otro actor que compartía conmigo el escenario. Aquel ruido me hizo volver en mí, y seguir con normalidad el resto de la representación.

Cuando se cerró el telón fui a pedir disculpas a la directora por aquella repetición totalmente involuntaria. Al día siguiente, lunes, la compañía de teatro tenía jornada de descanso. Era el único día en la semana que no se representaba la obra y Robyn Flamer, la directora, que solía pasar el día de descanso con su esposo en una casa rodeada de un pequeño bosque de castaños que tenían en un pueblecito de la sierra de Madrid, me propuso irme con ellos aquella misma noche, para relajarme y disfrutar de la tranquilidad y la belleza de la montaña. Yo accedí.

Tenían una casa grande, alejada de lo que era propiamente el casco urbano del pueblecito. Se accedía a ella a través de unos tres kilómetros de camino bastante accidentado que, como si fuera un callejón sin salida, se iba internando en el corazón de un pequeño bosque envuelto en la profunda oscuridad que dejan las noches nubladas de la sierra madrileña. El camino obligaba a Robyn a conducir despacio, atenta para salvar los baches, las ramas o cualquier animal que pudiera acercarse atraído por la luz del vehículo.

Mientras nos esforzábamos por identificar las formas que aparecían a medida que los faros iban iluminando el trayecto que recorríamos, el marido de Robyn bromeaba y nos hacía reír recordando situaciones grotescas que había vivido, con la intención de distraerme de los problemas que venía padeciendo durante las últimas semanas. Pese a todo, yo sentía cierta angustia o ansiedad que no era habitual en mí. De repente, Robyn frenó en seco y gritó, al tiempo que sentimos un golpe fuerte en la parte delantera del coche, que nos asustó y nos hizo mirar instintivamente adelante. Un ave nocturna se había chocado contra la luna del coche y la había llenado de sangre. El marido de Robyn abrió la puerta del coche, salió y miró al pequeño animal que estaba muerto delante del coche y, mientras volvía dentro para recoger un trapo con el que limpió el cristal, dijo:

-No os preocupéis, ha sido una pequeña lechuza confundida por la luz, está muerta. Hemos tenido suerte de que no se haya roto la luna del coche.

Con cierta entonación y actitud de conformismo, con la intención de rebajar la tensión del susto, dijo:

-Hay que asumir que estas cosas pasan cuando la luz torpe de la tecnología se encuentra con la oscuridad salvaje de la naturaleza.

Apenas tardamos unos pocos minutos más en llegar a la casa. Desde el coche, Robyn abrió la puerta del garaje y por allí accedimos al interior de la casa.

Después de cenar y programar una ruta para visitar algunas zonas de interés de la sierra por la mañana temprano, nos retiramos a los dormitorios.

Mi dormitorio estaba localizado en la segunda planta, en una zona bastante alejada de la habitación en la que se encontraban Robyn y su marido. Era un cuarto amplio, con techo muy alto decorado con vigas descubiertas de madera, del que colgaba una lámpara antigua que arrojaba luz penumbrosa, que invitaba a descansar y refugiarse en la tranquilidad de aquel lugar. Tenía una ventana protegida con una contraventana de madera. Las abrí para oír el sonido de los grillos que acompañaba la profunda oscuridad de aquel lugar y, luego, cerré la ventana de cristal dejando la contraventana de madera abierta.

Ya acostado, quise encender a oscuras una lámpara de noche que había en la mesilla, junto a la cama. Palpando la base de porcelana de la lámpara, busqué el pequeño interruptor que había visto antes de apagar la lámpara del techo, y noté un pinchazo agudo en el dedo y la sensación de que me había cortado. Me levanté de inmediato, encendí la luz y comprobé que en la base de porcelana había una esquina ligeramente rota con la que me había cortado. Mientras intentaba frenar la pequeña hemorragia apretando con un pañuelo de papel la zona del dedo donde me había cortado, me di cuenta que había gotas de sangre en la mesilla y en el suelo. Lo limpié lo mejor que pude y esperé a que la pequeña herida dejara de sangrar para acostarme, pues no quería manchar las sábanas con sangre. Al cabo de un rato, comprobé que había parado la hemorragia, deposité los pañuelos de papel manchados de sangre encima de la mesilla, apagué la luz y me acosté.

El cansancio, la oscuridad y el silencio hicieron que, poco a poco, me fuera quedando dormido. Pero no había pasado mucho tiempo, cuando, de repente, un sobresalto horrible me despertó. Oí un rugido tremendo, como si alguna bestia infernal estuviera allí mismo amenazante, al lado de la ventana, o incluso dentro de la casa. Me quedé totalmente paralizado, sobrecogido ante aquel suceso espantoso. Atento al profundo silencio que se abrió después del rugido, dispuesto a actuar en función de lo que pudiera suceder a continuación, notaba cómo en aquellos instantes los segundos se alargaban y todos mis sentidos se agudizaban para reaccionar ante un peligro inminente. Nunca había oído algo similar, había sido un rugido sobrecogedor. Entonces, empecé a notar un olor ácido extraño, como mezclado con incienso, y un frío penetrante, que me arrojaron a una experiencia de pavor semejante a la de los terrores infantiles más monstruosos, y recordé una expresión que había leído sobre los ritos de alguna secta satánica: "descensus ad inferos".

El silencio y aquellas percepciones extrañas se prolongaron por unos segundos más, hasta que oí los pasos del marido de Robyn que se aproximaban a mi cuarto mientras me llamaba. Abrió la puerta de mi habitación, encendió la lámpara que colgaba de aquel techo alto y, nervioso, pálido y asustado, con una vieja escopeta de cazar en el brazo izquierdo, me preguntó:

-¿Estás bien? ¿Qué ha sido eso? ¿Has oído ese rugido tremendo?, procedía de este lugar de la casa, de esta habitación. Nunca había oído nada igual. ¡Qué frío hace aquí! ¿Tenías la ventana abierta? ¿A qué huele?, ¿no notas un olor raro? ¡Qué extraño!

Yo le respondí que no tenía ni idea de lo que estaba pasando. Le comenté que tal vez había sido algún oso o animal salvaje que estuviera cerca de la casa. Y él me respondió que no había en toda la sierra de Madrid ningún animal que pudiera rugir así.

Me incorporé de la cama y encogiendo los hombros, le respondí que no entendía nada, que incluso había pensado que podía haber sido una pesadilla mía. Al verle tan nervioso, intenté calmarlo, le comenté que estaba seguro de que por la mañana todo aquello se explicaría con claridad, y pasaría a formar parte del racimo de anécdotas que comentaremos a nuestros nietos cuando seamos ancianos. Quise quitarle importancia, e incluso me atreví a aventurar que, muy posiblemente, un animal se había escapado de algún circo o algo así. Lo cierto es que se fue más tranquilo.

Cuando yo cerré la puerta de la habitación, noté algo de dolor en el dedo que me había cortado. Allí estaba el corte limpio, sin sangre. A continuación miré en la sábana y comprobé que no estaba manchada. Sin apagar la luz, me volví a meter en la cama y me arropé. Tumbado, miré a la mesita de noche. Me fijé en la base de porcelana de la lámpara con la que me había cortado, al lado estaban los pañuelos de papel arrugados con los que me había limpiado la sangre, pero estaban totalmente limpios. Me volví a levantar, cogí aquellos pañuelos, los examiné y no tenían ni rastro de sangre. A continuación miré al suelo, para ver si se me habían caído los pañuelos con los que me había limpiado, pero no. La sangre había desaparecido de los pañuelos que yo había manchado hacía una hora o dos. Aquello me desconcertó totalmente. Me dejó la mente en blanco, estaba cansado, no encontraba ninguna explicación racional a todo lo que estaba ocurriendo, y me resultaba imposible dormir. Apagué la luz, me acosté e intenté descansar hasta que llegó la hora en que había quedado con Robyn y su esposo para levantarnos y desayunar.

Al día siguiente, cuando volvimos a Madrid, comprobé que la noticia del asesinato de mi compañero de piso había aparecido en diversos medios de comunicación. Todos ellos relacionaban el crimen con la publicación de mi libro. Lo que supuso una publicidad bastante escabrosa y efectiva para la venta del libro y la representación teatral. Me fui a vivir a un hotel que disponía de guardas y cámaras que vigilaban de forma permanente la entrada y la salida del edificio.

A partir de aquel día noté cómo Robyn fue desarrollando una actitud más reservada e, incluso, temerosa con respecto a mí. El acontecimiento del rugido ligado a los hechos extraños que lo rodearon, las amenazas, el crimen en el que me vi envuelto y los peligros a los que estaba expuesta la propia compañía en cada función acabaron abriendo una barrera de recelo y progresivo distanciamiento hacia mí, que terminó finalmente con mi cese de la compañía el día que ésta abandonaba el escenario de Madrid, para hacer un recorrido por algunas de las principales ciudades de la geografía española.

La situación de enfrentamiento entre la Asociación Cosmosófica Fider Illuminati y yo se prolongó durante los meses que aún permanecí en Madrid. Durante ese tiempo, mi actividad se concentró en difundir en los medios de comunicación pruebas que mostraban que los miembros de aquel grupo, y de otras sectas similares, eran víctimas de una estafa, que les impedía vivir plenamente y hacer un uso racional, crítico y libre de su actividad. Sin embargo, el resultado no fue el que yo deseaba, y fueron las propias víctimas las que se convirtieron en mis verdugos más inmediatos, cegados por la fe en sus líderes y en la creencia de que actuaban como la cábala de su propio destino les indicaba. Finalmente, los adeptos de esta secta se convirtieron en un peligro constante que me obligó a tomar la decisión de huir fuera de España.

CAPÍTULO 4

Los primeros meses de mi nueva vida en Southampton fueron tranquilos. Sentía cómo la melancolía otoñal se había prolongado hasta formar parte de un invierno suave que llenaba de aparente calma los amplios y solitarios parques, los edificios y calles más antiguas, la universidad, el puerto y, sobre todo, un cielo gris que llenaba de luz toda la ciudad.

Salvando mi nueva identidad a través de internet, seguí colaborando con el grupo de familiares de afectados de la ACFI y con otros grupos de presión crítica contra diferentes sectas, que solicitaron mi ayuda. Paulatinamente, el suceso de Sara y las amenazas fueron pasando a un segundo plano, desplazadas por la necesidad que tenía de crearme una nueva circunstancia. Pensaba que vivir se me replanteaba como una cuestión urgente e ineludible. Necesitaba centrarme en lo que consideraba más importante para sentir que realmente vivía estando a la altura de mi circunstancia, sin desaprovechar todo lo que la posibilidad de estar vivo me ofrecía.

Busqué trabajo como profesor de idiomas, traductor, recepcionista, camarero y, en ocasiones, también pude realizar algún papel secundario como actor. Pero lo que realmente centró mi interés durante aquellos meses fueron dos ideas fruto de los sucesos que me obligaron a dejar Madrid. Dos ideas que me movieron a interpretar la realidad desde una perspectiva nueva y a replantear mi actitud ante lo que me rodeaba.

Una era el hecho de que en las sectas, aquellos que eran las víctimas, los perjudicados que sucumbían al engaño y a la manipulación sufriendo todas sus consecuencias negativas, pasaban a convertirse, por un lado, de cara a la sociedad en general, en culpables, en una especie de individuos proscritos conducidos a la marginación y la exclusión; y, por otro, dentro de la dinámica de su propio grupo, en verdugos, haciendo con los miembros disidentes de su comunidad lo mismo que la sociedad, en general, hacía con las sectas.

La otra idea tenía que ver con la necesidad racional que surgía de realizar un salto crítico y cuestionarse si nuestra sociedad en general es o actúa como una gran secta, en donde los ciudadanos sucumben a la manipulación y al engaño de sus líderes políticos, religiosos, científicos o de cualquier otro tipo; donde la práctica totalidad de los ciudadanos pasamos a convertirnos en víctimas de la mentira, en perjudicados que sufrimos un tipo de engaño que nos impide aprovechar nuestra vida plenamente y, también, nos transformamos en verdugos, distorsionando en sospechosos, proscritos o marginados a quienes cuestionan la idea de realidad que los líderes sociales mantienen.

Como consecuencia de estas reflexiones, era inevitable que me surgieran espontáneamente preguntas como: ¿Hasta qué punto la información general a la que accedemos los ciudadanos a través de los medios de comunicación de masas o de la educación es manipulada y parcial, con el objetivo de afianzar los intereses de quienes tienen el control de esa información? ¿La información que moldea la opinión pública es realmente la más adecuada para promover el desarrollo libre, crítico y racional de los individuos dentro de la sociedad o, más bien, es un tipo de información que ofrece conocimientos con la intención de controlar sutilmente el comportamiento de los ciudadanos? ¿Qué es cierto de todo lo que los medios de comunicación nos dicen que es verdad? ¿Hasta qué punto toda la información y conocimientos a los que accedemos los ciudadanos están mediatizados para convertirnos en simples consumidores?

A comienzos de febrero dos sucesos alteraron momentáneamente la tranquilidad que había encontrado hasta entonces en Inglaterra. El primero ocurrió cuando estaba contemplando algunas fotografías de Duane Michals exhibidas en una exposición dedicada a la fotografía del siglo XX, en la Universidad de Southampton. Allí un anciano alto y delgado, que utilizaba un bastón para caminar, al verme, se acercó a mí con una gran sonrisa, como si me conociera, extendió su brazo para saludarme y, mientras apretaba mi mano mirándome a los ojos, dijo:

-"¡Ugeia Leucónoe!", sabía que te podía encontrar aquí. Justo contemplando la fotografía del hombre iluminado, con su cara oculta tras el resplandor de la luz.

Yo respondí de inmediato:

-Señor, lamento decirle que se ha equivocado. Mi nombre es Paul Smith. Probablemente, la persona que está buscando se encontrará en alguna otra sala de esta exposición.

Pero el anciano, sin perder la sonrisa en ningún momento, con ojos grandes y alegres, respondió recitando unos versos que yo nunca había oído anteriormente:

-"Todo y nada te hacen fugaz e inmortal.

El cambio te hace eterno resurgiendo en algo distinto sin dejar de ser tú.

Vuelo de halcón, hoja de rosa, secreto de la vida que busca la libertad...".

En ese momento, sin saber muy bien qué decir, comenté:

-Lo que más me gusta de la fotografía de Duane Michals es la proporción que guardan las imágenes con el trasfondo metafórico que encierran.

El anciano, sin pensarlo dos veces, me respondió:

-La proporción áurea es una clave divina.

Y a continuación, cogió mi mano izquierda, puso la palma de su mano derecha sobre la palma de mi mano izquierda y, con uno de sus dedos, sin separarlo de mi palma, dibujó una estrella inscrita en un pentágono, y dijo:

-Leucónoe todo se está preparando para que sostengas el gnomon cuando pase por ti el nuevo peldaño de la espiral logarítmica. En el momento que accedas al número áureo no mires atrás. "Finis coronat opus", el fin justifica los medios. Recuerda, tu nombre encierra el secreto de la transformación. En ti está la opción de afianzar el momento que abre paso a la posibilidad de ser, "eadem mutata resurgo", mutante y permanente vuelvo a resurgir siendo el mismo.

Después de decirme esto, el anciano se quedó callado mirando unos segundos la fotografía que llevaba por título El hombre iluminado, y se despidió. Intenté retenerle, porque en ese momento me saltó la duda de si aquel suceso era una simple casualidad, una equivocación, un hecho fortuito en el que un anciano con algún grado de demencia decía cosas sin sentido o, por el contrario, aquel hombre tenía algo que ver con cualquiera de los grupos que yo había denunciado o criticado como sectas. Pero él me dio una palmadita en el hombro y me dijo:

-Nos vemos, recuerda: "Finis coronat opus".

El otro suceso ocurrió tres semanas más tarde. Había ido a Londres a ver una adaptación moderna de *Macbeth* en la sala de teatro experimental "The lost finger". Actuaba Linus W. Roache, uno de mis actores preferidos en el mundo del teatro. Era un día lluvioso. Al salir de la representación, ya en la calle, resbalé y, para no caerme, traté de apoyarme en alguien que en ese momento también salía del teatro y pasaba justo a mi lado. Al final, nos caímos los dos y a él se le cayó un libro sobre el suelo mojado.

Nos levantamos y yo recogí rápidamente su libro, que se había empapado de agua. A continuación, saqué unos pañuelos de papel y lo limpié lo mejor que pude. Comprobé que era un texto escrito en castellano con el título de *Criptas y arte funerario en España*. Mientras me disculpaba por el incidente que había provocado, me daba cuenta de que aquel hombre tenía un aspecto semejante al mío. Primero, reconocí aquella frente amplia, bajo la que aparecía una mirada profunda, que formaba parte de un gesto que, en numerosas ocasiones, mi abuela asturiana decía que yo había heredado de la familia de su marido, un gesto que reflejaba, según contaba ella, si realmente me interesaba algo o no, pues aparecía cuando yo ponía verdadera atención. En ese momento, agachaba un poco la cabeza y miraba lo que me interesaba sin apenas parpadear, elevando la mirada a la zona alta de los ojos, produciendo unas ligeras arrugas en la frente. Igual que estaba haciendo aquel extraño. Además, su rostro tenía una nariz larga y una mandíbula amplia, idénticas a las de mi cara. Luego, fui comprobando con gran sorpresa que éramos de una altura y edad muy aproximadas, que llevaba el mismo tipo de gafas y un corte de pelo muy parecido al mío.

En ese momento, le pregunté si hablaba castellano haciendo referencia al libro que llevaba, y respondió afirmativamente. Me comentó que parte de su familia era de origen español, y añadió que durante su infancia vivió en diversos países de Hispanoamérica.

Entonces, hablando en español, yo le dije:

-¡Qué casualidad! Mis padres también trabajaron y vivieron en diversos países de Hispanoamérica, pero yo no los llegué a conocer. Me crié con mis abuelos, primero, en España, luego, en Inglaterra.

A continuación, cogió el libro con la mano izquierda y extendió su mano derecha para estrechar la mía y presentarse, diciéndome en castellano con acento británico:

-Las casualidades son señales que dan paso al destino. Me llamo Judas Álvarez.

En ese momento, yo me quedé totalmente perplejo, porque ese era mi nombre real. Permanecí unos segundos parado, sin saber bien cómo reaccionar. Y, a continuación, dije:

-Mi nombre es Paul Smith. Permítame que le invite a un café para resarcir mi torpeza. Ahora me dirigía al Crypt Café que, también por casualidad, tiene que ver con el título de su libro, allí probablemente encontraremos algo de música que compense mi resbalón.

Judas Álvarez aceptó mi invitación y fuimos al Crypt Café, que es la cripta de Saint Martin in the Fields reconvertida en restaurante y sala de música. Allí estuvimos hablando más de una hora sobre un suelo repleto de lápidas de muertos ilustres.

Judas Álvarez me comentó que, en ese momento, residía en Edimburgo, donde poseía un negocio relacionado con la compraventa de arte y antigüedades. Era un hombre extrovertido, aparentemente espontáneo y un buen conversador; sin embargo, yo presentía que ocultaba algo. Podía percibir el carácter afable, la confianza y la simpatía que me mostraba en todo momento, afianzando los lazos de una nueva amistad; pero, tal vez aquella situación tan fortuitamente sorprendente, tan llena de coincidencias, en la que había descubierto a una persona que compartía rasgos comunes tan personales conmigo, me hacía desconfiar por su aparente inverosimilitud.

Por otra parte, los acontecimientos que habían rodeado mi vida los últimos años me habían convertido en alguien, si no desconfiado, sí al menos prevenido, que necesitaba dudar de las apariencias para reconocer la realidad que se esconde en las imágenes que percibimos a primera vista. Las apariencias se habían convertido en un soporte insuficiente para afianzar un juicio más o menos consistente y duradero sobre algo, fuera lo que fuera ese algo.

Judas Álvarez me invitó a visitarlo en Edimburgo. Yo hacía años que no había estado en esa ciudad, a pesar de que siempre la había considerado un lugar fascinante y realmente hermoso. Entre bromas, él se ofreció a hacer de guía turístico por los cementerios de Edimburgo, para mostrarme algunas de las joyas artísticas que guardaban. A este respecto, me dijo:

- Los cementerios son lugares interesantes para reconocer la idiosincrasia de una ciudad. No se puede decir que se conoce bien una ciudad si no se ha paseado por sus cementerios. Quien conoce los secretos de los cementerios, sabe el camino por el que se llega a las historias mejor guardadas, aquellas ocultas en vida y calladas de forma irremediable en la muerte.

Yo acepté, me parecía una oportunidad interesante para visitar Edimburgo y seguir en contacto con aquel personaje que la casualidad me había presentado. Mi propia experiencia me había enseñado que las oportunidades no se deben subestimar. Surgen y aparecen ante nosotros sólo momentáneamente, son como puertas que se abren para, luego, cerrarse para siempre. Aprovechar nuestra vida posiblemente esté conectado con no desperdiciar las oportunidades que nos surgen, con saber estar atentos a las oportunidades que se nos presentan.

Judas Álvarez sacó una pluma estilográfica de uno de los bolsillos interiores de su gabardina, escribió la dirección de su casa y su teléfono dentro del libro que llevaba y, después, me lo entregó diciéndome que, puesto que aquel libro había provocado que nos llegáramos a conocer, me lo regalaba, y de aquella manera sería más difícil que me olvidara de su invitación, a no ser que perdiera el libro, claro. Yo no dudé en aceptarlo y agarré aquel libro como si fuera un pequeño tesoro.

Capítulo 5

A los pocos días de instalarme en Southampton me alojé en la casa de las hermanas Molly y Dolina Brown, en el barrio de Shirley, en la calle Darlington Gardens, cerca de la pequeña iglesia presbiteriana de La Santa Predestinación. Allí alquilé una habitación con pensión completa. En realidad, aquella casa era una especie de residencia que combinaba el arriendo de quince habitaciones a precio muy asequible, ajustado a las posibilidades económicas de sus ocupantes, casi todos pobres, con el alojamiento de tres estancias totalmente gratuitas o asistenciales para indigentes. Sus inquilinos eran un racimo de hombres y mujeres de todas partes del mundo, esencialmente inmigrantes sin trabajo y ancianos con pocos recursos, que permanecían o pasaban por allí de camino a ninguna parte, y que en aquel lugar encontraban un refugio momentáneo. A mí también me pareció el sitio adecuado para pasar desapercibido mientras rehacía mi futuro en Inglaterra con una nueva identidad.

Las hermanas Molly y Dolina Brown eran dos escocesas que habían llegado a Shirley hacía unas décadas, con su primo Allan y el pastor Mervin Warfield, con la intención de afianzar su comunidad reformista presbiteriana en el sur de Inglaterra, lejos de la ortodoxia religiosa del norte de la isla. Eran una especie de monjas que predicaban con el ejemplo una vida austera dedicada a la atención de los pobres.

Cuando te encuentras ante ellas lo que más llama la atención es su corpulencia. Se tiene la impresión de estar ante dos gigantes, que deben superar el metro novena y los ciento y pico kilos. En su cuerpo todo parece enorme y desmesurado. Su vestimenta, siempre oscura, contrasta con el color rosado de su piel, y el brillo de su enorme cara redonda resalta frente al gris apagado de sus canas y de sus ojos grandes de mirada tierna. Su primo Allan, siendo corpulento, no alcanzaba la exageración de las medidas de las hermanas Brown, que ya habrían cumplido sesenta primaveras. Allan posiblemente fuera mudo y se hacía siempre el sordo, menos cuando oía chistes verdes a los inquilinos, entonces, soltaba una enorme carcajada chillona y aguda, que se prolongaba durante minutos provocándole toses, lágrimas y cierto pataleo que extendía las risas y el alboroto a todos que lo rodeaban.

La casa de las hermanas Brown era de las más grandes del barrio. Su fachada delantera estaba separada de la calle por un pequeño jardín bien cuidado, con helechos, rosas rojas, narcisos y parnasias que florecían una o dos temporadas al año. Además de las habitaciones en alquiler, que estaban siempre ocupadas, la casa poseía un comedor y un salón grande y acogedor, que eran los principales lugares de encuentro de los residentes. La cocina y un almacén, que también se usaba como garaje, se encontraban en un patio situado en el ala oeste de la vivienda, en el que se hallaban las estancias de las hermanas y el primo, y al que sólo ellos accedían. El patio estaba vigilado por dos perros de raza rottweiler, que Molly y Dolina llamaban "los rotteis", y custodiado por una puerta bajo llave.

Aquel lugar era un albergue para gente que no tenía otra morada mejor donde estar, en el que personas del más diverso origen, la mayoría ancianos, buscaban el cobijo y la seguridad que se les negaba fuera de ella. En todos se podía percibir la debilidad propia de una vida insegura, llena de incertidumbres y miedos, en la que pasar la noche bajo un techo caliente era ya un logro. Probablemente esa era la causa por la que, en general, se había instalado una actitud cargada de servilismo sumiso y adulación, que me molestaba pero entendía, por parte de la mayoría de los residentes hacia las figuras de las dos hermanas, a quienes trataban como santas. Lo que ellas hacían o decían se justificaba y valoraba positivamente. Nadie se atrevía a realizar críticas o comentarios negativos. De alguna forma, casi todos los inquilinos vivían con el presentimiento de que la suerte excepcional que habían conseguido siendo admitidos en aquel lugar se les acabaría en cualquier momento. Temían perder lo poco que tenían: una estancia cómoda, limpia, de trato más o menos amable y en la que se comía un menú bien preparado. Casi diariamente se comía carne que, dependiendo del día, se cocinaba en hamburguesas, con potaje, adobada, asada, acompañada con patatas con salsa, verduras o setas. A las hermanas Brown les gustaba resaltar que era carne fresca de reno importada directamente de Finlandia.

Para mi sorpresa, una tarde, cuando llegué a la casa de las hermanas Brown me encontré con un anciano de pulso tembloroso, ojos oscuros, casi grises y con el pelo canoso y largo, que acabó siendo una de las personas más interesantes que he conocido. Se trataba de Henry Lon Walthall, que en otro tiempo fue actor, diputado e, incluso, llegó a trabajar como espía y a convertirse en uno de los hombres más ricos de Canadá. Entró en la casa de las hermanas Brown después de haber mendigado por todo el Reino Unido durante varios años. Como los indigentes anteriores que habían estado allí, pasó a ocupar una de las estancias gratuitas, programadas tan sólo para un periodo reducido de unas semanas, porque, luego, Dolina y Molly acababan encontrando una residencia de acogida más definitiva y segura para ellos, y aquellas habitaciones volvían a ocuparse por otras personas sin recursos que llegaban a los pocos días. Tal vez porque tenía conciencia de ese hecho, traté de aprovechar la compañía de Henry y hablé con él todo lo que estuvo en mi mano.

Henry Lon Walthall siempre llevaba consigo un pequeño libro de oraciones envuelto en un estuche oscuro de piel muy desgastado y sucio, con las iniciales de su nombre y una cruz templaria bordadas, que era la única pertenencia que le había acompañado a todas partes durante más de cincuenta años. Ahora se aferraba a él como si fuera una parte de su alma.

Un día, hablando con él de las calamidades que había sufrido a lo largo de los últimos años, sacó su libro de oraciones del estuche que lo protegía, lo abrió, y de entre sus páginas extrajo la fotografía de una mujer muy hermosa. Era la imagen de su esposa, que murió pilotando una avioneta cuando aún era muy joven. Mientras me enseñaba la fotografía, me comentó que mirar aquella imagen y sentir la emoción que le producía revivir el recuerdo de aquella mujer había sido su único alimento y techo en muchas ocasiones, y tener la posibilidad de volver a contemplar la fotografía y de sentir de nuevo aquella emoción aún continuaba siendo la fuerza que lo empujaba a seguir queriendo estar vivo.

Henry Lon Walthall, con cierta sorna, me comentaba en los buenos ratos que compartíamos después de comer aquellos platos con carne tierna, bien cocinada, que nos preparaban las hermanas Brown, cómo la vida en cualquier momento puede convertirse en un escenario abierto a lo imprevisible y lo dramático, unas veces trágico otras cómico, pero siempre tremendo, en el que los amigos dejan de serlo, la verdad se transforma en mentira, la seguridad da paso a una incertidumbre angustiosa, la riqueza a la pobreza y, de la misma manera, es nuestra debilidad lo que nos hace más fuertes, los callejones sin salida nos llevan a todas partes, lo más confuso ofrece serenidad y el problema que parecía irresoluble nos ofrece la solución más satisfactoria. La vida humana siempre está abierta a lo imprevisible y lo que hemos conseguido pende de una quebradiza conexión que puede romperse en cualquier momento.

Desde los primeros días asocié la figura de Henry Lon Walthall a la de un estoico moderno. Recuerdo una vez que le dije que sus comentarios sobre la vida me recordaban los textos que yo había leído de Séneca. Henry siempre llegaba a la conclusión de que no hay mayor fortuna en la vida que tener confianza en uno mismo, que no dudar de nuestro valor y de nuestras fuerzas. Para él, ser sabio consistía en no depender de la suerte y guiarse siempre valorando lo mejor entre lo menos malo que guardamos en nosotros mismos. Y, por el contrario, lo peor que le puede pasar a alguien es estar sujeto a lo que no está en uno mismo, dejarse llevar por las opiniones y criterios ajenos o, también, perder el control de la voluntad que afianza nuestra cordura, haciéndonos dependientes de nuestras pasiones negativas o nuestros miedos.

Él me comentó que yo era un buen observador sólo a medias, y que si se identificaba con las ideas de algún pensador famoso era con las de Nietzsche, para quien la vida del ser humano desbordaba los cauces de cualquier racionalismo que no fuera capaz de nadar en las turbias aguas de lo irracional, que no fuera capaz de mirar de frente la fuerza que contienen no sólo las pasiones malas, sino, sobre todo, las pasiones buenas.

Aún sigo pensando qué me quiso decir con esas palabras. Lo mismo me pasó otra vez que me respondió sentenciando:

-La única forma de vivir sin miedo es reconocer que forma parte de nosotros, como nosotros de él. No supera el miedo quien mira a otra parte y pretende ignorarlo, lo domina el que convive con él dejándole el puesto que le corresponde.

Todavía me pregunto cómo aquel hombre tan sabio había llegado a caer en el estado de indigencia que él había padecido hasta cobijarse allí.

Una mañana, después de haber esperado unos minutos a Henry Lon Walthall para desayunar juntos, y viendo que no aparecía, pregunté por mi amigo a Dolina Brown, que en ese momento se movía atareada en el comedor organizando sillas, cubiertos y otros elementos habituales en aquella labor rutinaria.

Tras pararse y contemplarme unos instantes en silencio, con aquella cara enorme, con su maternal mirada cargada de ternura, mostrándome una sonrisa beatífica, Dolina me respondió que su primo Allan y el pastor Mervin Warfield habían llevado esa misma mañana, temprano, a Henry a una residencia de ancianos en la que ocuparía una plaza fija. Cuando le pedí la dirección de aquel lugar, ella me respondió que Henry había insistido en que no dieran a nadie la dirección de su nuevo hogar, pues deseaba empezar una vida nueva, rompiendo con todo su pasado.

Aquella contestación me sorprendió e, incluso, me dejó cierta sensación de disgusto al enfrentarme al hecho de que, sin esperarlo, había perdido el contacto con alguien a quien apreciaba, a quien había cogido cariño, y a cuya compañía me había acostumbrado en poco tiempo. Pensé que, al menos, Henry Lon Walthall me podía haber dejado una nota despidiéndose. En ese momento me envolvió cierta emoción triste y conformista, que me hizo pensar que nunca llegas a conocer realmente a alguien con una vida y personalidad tan complejas, y que los sentimientos y las relaciones más o menos intensas que desarrollamos los seres humanos con quienes nos rodean cotidianamente no tienen por qué ser recíprocos, y lo que para alguien representa una relación importante, para otros es, simplemente, un hecho sin mayor relevancia.

Tal vez por eso, aquella misma mañana, al reconocer a Edward Johnny mientras aparcaba mi coche, un indigente que había visto siempre merodeando por el puerto de Southampton, con el que había hablado varias veces cuando trabajé de camarero en El Doking Station Café, al encontrarlo sentado en el suelo con la mirada perdida, apoyado al muro húmedo y sucio que rodea la estación de autobuses, me dirigí a él para preguntarle qué hacía por allí. Edward Johnny me respondió que se había perdido, que no sabía volver al puerto. Entonces, no lo dudé. Lo llevé a la casa de las hermanas Brown y solicité que ocupara la habitación que había dejado Henry, incluso me ofrecí a pagar lo que fuera necesario por su alojamiento; pero ellas rechazaron el dinero y admitieron a Edward Johnny como nuevo inquilino de la habitación que ocupó Henry.

Ese mismo día, cuando regresé a casa de las hermanas Brown para cenar, Edward Johnny ya parecía otra persona, aseado, con ropa cómoda y limpia. Se sentó a mi lado para cenar y no se separó de mí hasta que nos fuimos cada uno a su habitación para dormir. Edward respondía a todo, diciendo: sí, bueno, no sé. Esas fueron sus palabras favoritas y casi exclusivas durante aquella jornada, en la que le comenté la impresión que me había ido formando de los otros inquilinos que allí vivían.

A la mañana siguiente, pasé temprano por su habitación para acompañarlo a desayunar. Llamé a la puerta, abrió rápido, y comprobé que se había levantado, que hacía frío en la habitación porque tenía la ventana abierta, y que todo estaba colocado en perfecto orden, incluso ya tenía la cama hecha. Me dijo que entrara en el cuarto, cerró la ventana, luego, la puerta, y cuando sintió que nadie nos podía observar, se aproximó a mí y me dijo en voz baja:

-Mira lo que he encontrado. Estaba debajo del colchón y tiene papeles, fotos e incluso unas pocas libras dentro.

Y diciendo eso, me enseñó el pequeño libro de oraciones de Henry Lon Walthall, que sacó de debajo del colchón. Yo le pedí que me lo diera y que no le dijera a nadie que lo había encontrado. A cambio le di las pocas libras que había en el interior del libro más otras doscientas. Me quedé con el librito y nos fuimos los dos juntos al comedor a desayunar. Después, Edward Johnny se quedó ayudando a recoger los restos del desayuno con Dolina Brown y yo me fui a trabajar.

Serían cerca de las tres de la tarde, ya había salido de trabajar y me dirigía al centro de la ciudad, a la biblioteca que está justo enfrente del ayuntamiento, pero cambié de opinión y continué conduciendo hasta el puerto.

Estaba empezando a lloviznar, aparqué en un lugar en el que veía el mar sin salir del coche. En aquel instante Southampton me pareció envuelto en un gris opresivo, que me producía cierta angustia. El cielo estaba cubierto por un color plomizo, que se reflejaba en el tono sombrío del agua del mar y se extendía por el cemento y las rocas del suelo mojado. Abrí la ventanilla del coche, y noté cómo una brisa fresca entraba en el coche y me envolvía en un silencio que se mezclaba con los ruidos de fondo del puerto. Cogí el libro de Walthall, con el desasosiego de no hacer algo realmente correcto, observé detenidamente su estuche de piel oscura, muy desgastada y sucia, rocé suavemente con la yema de mis dedos las iniciales de su nombre y la cruz templaria que tenía bordadas, y lo abrí con cuidado, como quien abre la puerta de algún lugar lleno de misterio invadiendo un espacio íntimo sin permiso, como si estuviera desvelando los secretos que vertebraban el alma de aquel hombre tan particular. Ese libro era, además de un texto de oraciones, un diario. Estaba lleno de anotaciones en letra diminuta. Tenía fechas conectadas con nombres, direcciones, datos, incluso expresiones en clave que, a simple vista, no era capaz de descifrar. Me detuve un momento en las páginas donde estaba colocada la fotografía de la mujer de Henry Lon Walthall, que él mismo me había mostrado. En el margen de una de aquellas páginas había escrito varios nombres, entre ellos estaba mi nombre real, Judas Álvarez, conectado con una flecha a una anotación en la que se podía leer el nombre que estaba usando en ese momento, Paul Smith, junto a una nota entre paréntesis que ponía "Southampton" y un pequeño dibujo o signo que no entendía.

¿Cómo podía ser eso posible? ¿Cómo podía estar escrito allí mi nombre original conectado al nombre que había adoptado para esconderme de quienes pretendían matarme, si ese dato sólo lo conocía un grupo de policías españoles y yo? Leí varias veces mi nombre. De súbito, me sentí indefenso y descubierto. No podía creer que figurara mi nombre completo allí escrito. Cerré el libro. Sentí un terrible sobresalto y confusión, como si lo que me pasaba fuera parte de una horrible pesadilla y no pudiera despertar. En ese momento, noté que me asfixiaba, que los latidos de mi corazón se aceleraban muy rápidamente y me mareaba. Intenté tranquilizarme, pero una angustia fuerte me oprimía el pecho hasta ahogar mi respiración.

Salí del coche, me apoyé en el capó y traté de respirar hondo. Estaba sufriendo un ataque de pánico. En ese instante, mi razón me decía que realmente no había leído mi nombre, sino que había experimentado algo parecido a una alucinación, tal vez provocada por un extraño presentimiento sobre la identidad de Henry Lon Walthall o, quizás, simplemente, había sido mi mente, que afectada por la desaparición repentina de aquel amigo, me estaba jugando una mala pasada.

Volví a entrar en el coche, cerré la puerta y, de nuevo, abrí el libro pensando que iba a comprobar cómo mi nombre no estaba allí, cómo todo había sido una simple ilusión óptica causada por un miedo repentino. Pero me equivoqué, mi nombre real y el que utilizaba como disfraz estaban allí juntos, uno al lado del otro, conectados por una flecha, junto al nombre de la ciudad en la que me encontraba y un signo que no lograba descifrar.

Aquel libro que, por un lado me ofrecía alguna luz para averiguar con más nitidez quién era realmente Hernry Lon Walthall; por otro, me arrojaba a un abismo de dudas. ¿Quiénes y cómo son realmente las personas que nos rodean? ¿Fiarnos de las apariencias es un camino adecuado para conocer la verdad o realmente es una trampa? ¿La imagen que yo tengo de los demás o la que ellos tienen de mí coincide? ¿Soy verdaderamente como yo pienso que soy o, quizás, la imagen que tengo de mí es la que me he formado para vivir más cómodamente? ¿Identificar a las personas con estereotipos me ayuda a conocerlas o a no reconocerlas?

Intranquilo, envuelto en un estado general de desazón, y a pesar de todas las cuestiones que me surgían, comprendí que en ese momento lo prioritario era localizar a Henry. Presentía que la respuesta que me había ofrecido Dolina Brown no era cierta y aquel hombre había sufrido algún tipo de destino trágico. Me parecía muy difícil creer que Henry se hubiera ido sin llevarse aquel reflejo material de su identidad más real, de su alma, como una vez le oí decir. Pero, ¿cómo averiguar a dónde se había ido? Si había ingresado en alguna residencia de mayores fuera de Southampton, podía encontrarse igual en Inglaterra que en Gales o, incluso, en Escocia. Yo sabía bien que ni de las hermanas Brown, ni de su primo Allan o del pastor Mervin Warfield iba a obtener ninguna información. Actuaban como un grupo cerrado, unidos por el secretismo opaco y excluyente característico de las sectas que yo había estudiado. Pensé que debía hablar con la policía y explicarles la circunstancia en la que me hallaba, sin mencionar el libro.

Saqué del libro de oraciones de Henry la fotografía de su mujer, para mostrársela a la policía e indicarles que Henry nunca la hubiera abandonado u olvidado, pues era lo único que había conservado durante muchos años. Escondí el libro lo mejor que pude envuelto en un trapo de limpiar el coche en una cajita con herramientas que siempre llevaba, y empecé a conducir en dirección a la comisaría de policía; pero cuando ya estaba próximo al edificio de la comisaría, me asaltó un pensamiento terrible que me hizo tomar otra dirección y alejarme de allí. Aparqué en East Street, justo al lado de la fachada roja del Sam's Bar. Un prejuicio terrible contra mi forma de actuar irrumpió en mi conciencia y me exigió pensar con tranquilidad lo que iba a hacer, necesitaba ser prudente. Bajé del coche, entré en el Sam's Bar y, mientras me bebía un café sentado cerca de una de sus ventanas, contemplando mi coche aparcado, pensé en el espantoso infierno que estaba abriendo con mi proceder.

Si Henry había tenido que abandonar la residencia en contra de su voluntad o si hubiera sufrido algún tipo de accidente, al denunciarlo, ¿no estaba acusando a las hermanas Brown? Al conectar a Molly y Dolina con algún delito, ¿no estaba poniendo en peligro el reducto de amabilidad y seguridad en el que se refugiaban los inquilinos de aquella residencia, casi todos ancianos pobres e indigentes? ¿Quién era yo para poner en duda las palabras o la forma de actuar de Molly y Dolina Brown, que demostraban diariamente una talla moral superior a la mía? ¿No actuaban aquellas mujeres como santas? ¿Acaso yo me creía con poder o derecho de intervenir, controlar o, incluso, de destruir la vida de los demás?

Estaba confuso y abrumado por las dudas que me asaltaban y me sentía en el deber de actuar de forma responsable, de situarme en un nivel ético que me permitiera actuar adecuadamente, buscando el bien, sin precipitarme o dejarme llevar por mis miedos. Los miedos son de ese tipo de compañías que sólo si las controlas y las mantienes a cierta distancia, pueden ayudarte cerca de los caminos peligrosos; pero si te dejas dominar y conducir bajo el yugo de su irracionalidad te pueden arrojar al infierno de la locura.

Serían las cuatro y media de la tarde cuando salí del Sam's Bar y me metí en el coche. Tenía suficiente tiempo para llegar temprano a la casa de las hermanas Brown y cenar, como hacía todos los días. Estando allí, sin levantar ningún tipo de sospecha, investigaría y reflexionaría lo que hiciera falta para tomar una decisión correcta, si no la mejor, intentaría que fuera la menos mala.

A la hora de cenar me senté en el comedor junto a Edward Johnny, que se encontraba comunicativo y contento. Me confesó que aquella era la primera vez que comía carne guisada de reno. Después, me quedé con él ayudando a recoger los platos y a limpiar el comedor. Cuando prácticamente todo estaba recogido, el primo de las hermanas Brown, que sostenía con su mano izquierda el asa de un cubo azul oscuro con las sobras de la cena, se metió al bolsillo la mano derecha y sacó un llavero abarrotado de llaves, que acercó hasta la cerradura de la puerta por la que se accedía desde el comedor al patio del ala oeste de la casa, donde se encontraba la cocina y el garaje. El primo de las hermanas Brown llevaba los restos de comida para echárselos a los perros que vigilaban aquel patio. Como era habitual, tras los sonidos metálicos de las llaves y de la cerradura, se pudieron oír los ladridos nerviosos de los rottweilers, que esperaban ansiosos su comida junto a la puerta del patio.

Aproveché aquella ocasión para pedirle a Molly Brown que me dejara acompañar a Allan, para ver los perros; pero, amablemente, ella respondió que eso no era posible, porque aquella zona estaba reservada para los miembros de su familia y, además, los "rotteis", como ella los llamaba, siempre estaban sueltos en el patio y no dudarían en atacar a cualquiera que no conocieran. A continuación, Allan, que había permanecido inmóvil contemplando la contestación que me ofrecía su prima, volvió la cabeza hacia la puerta, salió al patio, cerró la puerta con llave desde el patio y, desde dentro, nosotros pudimos oír cómo se alejaban los ladridos de los perros, que seguían a Allan hacia la zona de la cocina.

La prohibición y el hermetismo que rodeaban a aquella zona de la casa, me indujeron a pensar que, tal vez, accediendo a aquel lugar o al coche, pudiera encontrar algún indicio, nota o pista que me ayudara a localizar la residencia o el sitio donde realmente Henry Lon Walthall se encontraba. Por lo tanto, esa noche diseñé un plan para inspeccionar aquel lugar.

Al día siguiente, antes de volver a la residencia para cenar, compré varias cajas de potentes somníferos y un kilo de carne picada, y a la una de la madrugada, cuando todo el mundo estaba descansando en su cuarto, salí a la calle por uno de los ventanales del salón que dan al exterior. Desde allí, me dirigí por la acera a la tapia que rodeaba el patio del ala oeste de la casa, lancé al interior del patio dos bolas de carne picada mezclada con los somníferos, esperé a que los perros se lo comieran y a que la droga hiciera su efecto, y me colé en el patio subiendo por la tapia. Fui directo al garaje, inspeccioné el coche y no encontré nada. Posteriormente, a través de una puerta interior del garaje por la que se accedía a la cocina, entre allí. A simple vista no encontraba nada extraño, abrí varios cajones y todo me parecía normal. Cuando me disponía a salir de la cocina, me golpeé accidentalmente en la mano que llevaba la linterna con la esquina de un mueble y la linterna se cayó debajo de una mesa grande de metal. Cuando me agaché para cogerla, observé que debajo de la mesa había una especie de trampilla, la levanté y descubrí un tramo de escaleras que conducían a un pequeño sótano o despensa subterránea. Bajé y hallé lo que menos me esperaba, pero que, de alguna forma, estaba conectado con lo que buscaba. Salí lo antes posible del sótano, dejé todo tal cual lo había encontrado, y regresé a mi habitación con un sentimiento de estupor terrorífico.

En aquella situación no podía dormir, necesitaba actuar con rapidez, pero no sabía exactamente qué debía hacer. Existían vidas y circunstancias personales en juego que exigían una actuación seria, responsable y racional. Se trataba del bienestar de la mayoría de aquellos inquilinos, ¿pero a costa de qué? Finalmente tomé una decisión, por la mañana actuaría con normalidad y al salir de la residencia de las hermanas Brown, después de desayunar, en lugar de acudir al trabajo, iría directamente a la comisaría de policía, donde les explicaría lo que había descubierto.

Así lo hice, y les conté que cuando bajé las escaleras del sótano, al que se accedía por la trampilla que había debajo de la mesa en la cocina de la residencia, encontré una cámara frigorífica y unos recipientes con adobo llenos de miembros y trozos de cuerpos humanos. En realidad, la carne de reno que nos servían era carne humana, carne que pertenecía a los cuerpos de aquellos indigentes que, como Henry, habían ocupado durante unas pocas semanas las habitaciones específicas para ellos y que, luego, nos comentaban que eran realojados en algún lugar más definitivo, que resultó ser las cazuelas y los platos que habitualmente nos servían las hermanas Brown.

¿Actué correctamente? En aquel momento no sabía qué hacer, qué criterio ético era el mejor. Si simplemente debía buscar el mayor grado de bienestar para la mayoría de los implicados, esto es, el mayor bien para el mayor número, tal vez, no debería denunciar nada y aceptar como un mal menor aquel hecho horrible y atroz que había descubierto; pero si, por el contrario, tenía que actuar haciendo prevalecer el reconocimiento del respeto a la dignidad del ser humano, más aún cuando se trata de los más indefensos, de los más vulnerables, entonces debía denunciarlo y exigir justicia, asumiendo todas las repercusiones negativas que se desprendieran de mi actuación. Y esto último es lo que hice.

Aquella mañana, la policía irrumpió en el tranquilo barrio de Shirley para precintar la cocina de la residencia, apresando con forcejeos y gritos de desesperación a las hermanas Brown, a su primo Allan y al pastor Mervin Warfield; realojando con cara de estupor y angustia a aquel racimo de seres humanos desolados que habían encontrado un hogar allí. En pocas horas la noticia conmocionó a la apacible ciudad de Southampton, y se extendió por todo el país como uno de esos acontecimientos escabrosos que aparecen en las noticias de un día cualquiera para, al siguiente, pasar al limbo informativo de las hemerotecas o de los archivos de información, esperando la redención del género humano.

A mediodía, cuando amainaba aquella tormenta que yo había desatado, con protección policial, pasé por la residencia para recoger mis cosas. Traté de ser lo más rápido y discreto posible. Había solicitado a la policía que no revelara mi identidad. Temía que si aparecía mi imagen en la prensa, posiblemente, perdería el anonimato y la libertad de movimiento que había conseguido al dejar España y, de nuevo, volvería a ser un blanco fácil para las sectas o para quienes intentaron asesinarme en Madrid.

Cuando abrí la maleta para meter todas mis cosas, descubrí que aún permanecía allí dentro invernando el ejemplar de *El retrato de Dorian Gray*, que yo había heredado de mi bisabuelo, y que Sara me devolvió el día que se despidió de mí. Por unos instantes, cuando lo cogí, sentí que tenía en mis manos un tesoro y me emocioné. Aquel libro viejo con pasta de cartulina desgastada de un color gris rojizo pálido y descolorido, como el de la sangre seca, con sus hojas gruesas y ásperas que habían envejecido adquiriendo un color amarillento, tostado en los bordes, por unos instantes, me hizo sentir la presencia de las personas a quienes más había querido, a mis abuelos y a Sara. En su interior estaba la carta que Sara metió el día que se despidió de mí. No había vuelto a pensar en aquella carta. Pero en ese momento debía hacer la maleta lo antes posible e irme. Un policía me estaba esperando en el pasillo, al otro lado de la puerta de mi habitación.

Recogí de la estantería el libro en el que Judas Álvarez me había escrito su dirección para que lo fuera a visitar y, mientras lo guardaba en la maleta junto al ejemplar de *El retrato de Dorian Gray*, pensé que, quizá, esa era una buena ocasión para visitarlo. Acabé de organizar mi maleta y salí de la habitación y de la residencia sin haber podido hablar con Edward Johnny ni con ninguno de los inquilinos que allí habían vivido.

Volví a la comisaría y, desde allí, conduje hasta East Street. Aparqué junto a Hoglands Park. Aquel parque me parecía el lugar adecuado para abstraerme y tranquilizarme evadiéndome de la situación estresante que acababa de dejar, a la vez que me permitía concentrarme en pensar qué debía hacer en ese momento, dónde debía ir o alojarme. Creí que podía ser buena idea ponerme en contacto con Judas Álvarez e irme a Edimburgo durante unos días, para descansar y reflexionar con más tranquilidad qué hacer. Judas Álvarez me había escrito su teléfono y dirección en una de las primeras páginas del libro que me había dado. Saqué el libro de la maleta, lo abrí y comprobé que la tinta con la que había escrito su teléfono y dirección prácticamente se había diluido, seguramente por haberse escrito con una pluma estilográfica sobre papel mojado. El número de teléfono era totalmente ilegible, pero las letras con las que había escrito su dirección no se habían borrado o deshecho del todo. Además, coincidían con la dirección que yo creía recordar. Cogí un bolígrafo e intenté reproducir la dirección, escribiendo de nuevo sobre aquella especie de huellas de letras, que la humedad había difuminado convirtiéndolas en simples sombras de los signos que allí se escribieron. Una vez que ya tenía toda la dirección reescrita sobre la página del libro, tomé la decisión de irme de Southampton, al menos por unos días.

Después de arreglar los trámites conectados con mi trabajo y de comer, conduje en dirección a Londres. Allí pasé la noche, en un pequeño hotel en Wilton Street, propiedad de una antigua amiga, Lucille Kean, también actriz, donde ya me había alojado más veces.

Aquella noche tenía muchas cosas en qué pensar. Presentía que necesitaba dejar Southampton por una temporada. Creía que debía irme a vivir a otra ciudad, posiblemente a Londres. Además, quería examinar con más detenimiento el libro de oraciones de Henry Lon Walthall en el que había descubierto una anotación con mi nombre real junto al que usaba desde mi regreso de España. Y deseaba organizar mi viaje a Edimburgo, programado para el día siguiente.

Capítulo 6

Temprano empecé a conducir hacia Edimburgo. No estaba seguro de que pudiera llegar a localizar a Judas Álvarez. La dirección no era totalmente fiable, podía haberme equivocado al reescribirla, pero, aun así, quería ir. Presentía que aquel viaje era importante. Tal vez, el impulso de marcharme a otra ciudad sólo era el deseo encubierto de huir del horror que había encontrado en la casa de las hermanas Brown, pero tenía la corazonada de que se trataba de algo más. Pese a todo, no sospechaba hasta qué punto aquel viaje iba a cambiar el rumbo de mi vida.

No encontré el lugar exacto que indicaba la dirección hasta el atardecer. Perdí algo de tiempo en descubrirlo, porque no se hallaba en la ciudad de Edimburgo, lo localicé más al este, desviándome por una carretera comarcal entre Gorebridge y Pathhead. Cuando llegué y bajé del coche me invadió un sentimiento contradictorio y algo desalentador. Por una parte, estaba satisfecho, porque aquella dirección existía realmente, se trataba de un lugar bastante solitario y de una enorme belleza melancólica, pero pensé que me había equivocado de lugar, que aquel sitio no tenía nada que ver con Judas Álvarez. Se trataba de un cementerio, con una cripta o iglesia pequeña y, más a lo lejos, se podía ver otro edificio, tal vez una casa grande o una mansión.

El cementerio estaba cercado por una tapia baja de piedra ennegrecida, invadida por musgo y enredaderas, que se prolongaban hasta alcanzar las sepulturas. Me acerqué a la puerta, que estaba abierta. Se trataba de una verja alta, de barras de hierro que imitaban lanzas encadenadas unas a otras, con adornos florales. En lo más alto de la puerta había un escudo que contenía un pentágono con la imagen de un monstruo, que me recordó a las gárgolas de Notre Dame.

Desde allí, se podía contemplar la imagen de un lugar envuelto en una atmósfera lúgubre, misteriosa y poderosamente bella. Parecía un paisaje de otro tiempo, más propio de un sueño o de una lámina romántica, en la que una especie de aparente calma mortecina cubría todo de silencio y quietud. La luz tenue del atardecer apagaba la fuerza de los tonos pardos, grises y verdes oscuros que daban forma a un paisaje de lápidas, losas, cruces, estatuas y arbustos que, siguiendo un orden caótico, mostraban con claridad que aquel espacio poseía una entidad sagrada, una fuerza especial capaz de prolongar lo fugaz hacia lo eterno, lo inmóvil y aparentemente inerte con otras formas de vida, lo obvio con lo misterioso.

Entre todas las sepulturas, al fondo, la cripta se entreveía como un elemento privilegiado, guardado por varios tejos que elevaban las ramas superiores a la altura de las agujas o capiteles que adornaban las torres góticas de la cripta que, desde allí, parecía una catedral en miniatura.

En medio de aquella quietud, me pareció ver a lo lejos a un anciano junto a una sepultura. Pese a que me había hecho a la idea de que tenía la dirección equivocada y sería incapaz de localizar a Judas Álvarez allí, me acerqué a charlar con aquel hombre para preguntarle si lo conocía o, simplemente, para que me explicara algo sobre aquel lugar.

Cuando llegué a su lado, el anciano seguía inmóvil, de pie frente a la sepultura, ensimismado en su pensamiento con los ojos cerrados, apoyado sobre su bastón, como si no hubiera notado que yo había llegado y estaba allí, junto a él. Tuve la repentina sensación de que yo había visto antes a aquel hombre. No sabía dónde, sin embargo me resultaba familiar. Para no asustarle, dije no muy alto:

-Buenas tardes señor, disculpe que lo moleste.

Pero no me respondió, seguía inmóvil, con los ojos cerrados, sumido en alguna ensoñación o diálogo interior, como una estatua más de las que acompañaban las sepulturas de aquel lugar. Lo observé atentamente, ya no tenía la menor duda de que yo había hablado con aquel hombre, pero ¿dónde?, ¿quién era? Volví a intentar llamar su atención, esta vez dije en un tono más elevado:

-Disculpe señor, buenas tardes, ¿le puedo hacer una pregunta?

En ese momento abrió los ojos, movió lentamente su rostro hacia el lugar en que yo me encontraba y dirigiéndome una mirada seria y serena, respondió diciéndome:

-"¡Ugeia Leucónoe!", te esperaba. Discúlpame, a mi edad dormito despierto y, cuando me acuesto tengo un sueño tan ligero que más que dormir, sólo consigo reposar. Sabía que ya no podías tardar.

Sus palabras y su mirada me hicieron recordar de inmediato quién era, se trataba del mismo hombre que me confundió con otra persona y se puso a hablar conmigo mientras veía la exposición de Duane Michals, hacía unos meses en Southampton. Fue tal la sorpresa, que no dudé en decirlo tal cual lo sentía y, ofreciéndole mi mano para saludarlo, le dije:

-¡Vaya!, esto sí que es una sorpresa y una casualidad ¿No cree?

Entonces, él me tomó la mano y, como hizo la vez anterior, puso la palma de su mano derecha sobre la palma de mi mano izquierda y, con uno de sus dedos, sin separarlo de mi palma, dibujó una estrella dentro en un pentágono, y comentó con voz lenta y cansada:

-Las casualidades son señales que dan paso al destino.

Yo le respondí:

-Es curioso, pero no es la primera vez que oigo esa expresión. Es más, creo que ese dicho se lo oí a un amigo a quien venía a visitar desde Southampton; pero me temo que he confundido su dirección, se trata Judas Álvarez, ¿no habrá oído usted hablar de él?

Aquel hombre alto y delgado, con la cara llena de arrugas y ojos grandes, me miró fijamente sin decir nada durante unos segundos. Luego, levantó con lentitud el bastón que utilizaba para apoyarse y, muy suavemente, golpeó varias veces con el extremo opuesto al puño del bastón sobre la lápida de la sepultura junto a la que nos encontrábamos, con la intención de llamar mi atención sobre las letras que aparecían inscritas sobre la losa. A continuación, yo leí el nombre de la persona que habían enterrado en aquella sepultura, la fecha de su nacimiento y muerte, y un breve epitafio que habían escrito al pie de la losa.

Un escalofrío recorrió todo mi cuerpo, me quedé desconcertado, estupefacto, horrorizado. Noté en mi interior una lucha repentina entre dos ideas y sentimientos que se contraponían, uno de inverosimilitud e incredulidad ante lo que estaba presenciando y otro de evidencia y pesar, que terminaba venciendo a su oponente.

Aquel anciano y yo estábamos frente a la tumba de Judas Tadeo Álvarez. Su fecha de nacimiento era la misma que la mía y en su fecha de muerte se decía que había fallecido hacía más de un año. El epitafio rezaba de la siguiente manera: "eadem mutata resurgo", mutante y permanente vuelvo a resurgir siendo el mismo.

No sabía cómo reaccionar. La situación en la que me encontraba me parecía tan extraña, tan poco lógica, que no sólo desmoronaba los planes que había organizado, sino que me obligaba a reflexionar sobre lo que me estaba sucediendo. Por momentos, mi vida parecía convertirse en un rompecabezas en el que los acontecimientos que me rodeaban se transformaban en piezas que no se ajustaban adecuadamente, que progresivamente se convertían en elementos más extraños, complejos y difíciles de encajar dentro del todo lógico y racional con el que yo me identificaba.

Sumido en el estado de confusión, pesar e intranquilidad que me producía lo que experimentaba, reaccioné mostrando espontáneamente mi sorpresa, desconfianza y dudas a aquel hombre. Dije:

-No puedo creer lo que me está pasando. ¿Cómo puede ser que Judas Álvarez haya muerto hace casi dos años, si yo estuve con él en Londres no hará más de tres meses? ¿Quién era la persona con la que yo estuve hablando, entonces? ¿Cómo puede coincidir la dirección que él me dio con ésta, con el lugar de su tumba? ¡Qué extraño me resulta todo lo que me está ocurriendo! No lo entiendo. Pero, perdone, creo que no me he presentado. Mi nombre es Paul Smith.

A continuación, el anciano, después de permanecer unos instantes en silencio mirándome con profunda seriedad, me respondió:

-Yo soy Peter Netzsaj. Judas Tadeo era mi hijo. Mejor dicho, mi hijastro. Él sabía que vendrías a buscarle y me pidió que te entregara algunos objetos. Me gustaría que me acompañaras a mi casa. Esta noche puedes descansar allí. Además, tenemos que hablar de muchas cosas. Es necesario que te informe sobre hechos relacionados contigo que tú mismo ignoras.

Peter Netzsaj vivía en una casa situada justo detrás del cementerio, construida sobre lo que fueron las ruinas de un pequeño monasterio. La penumbra del atardecer escocés había dado paso a una oscuridad cada vez más cerrada, que aislaba aquella casa del siguiente lugar iluminado a varios kilómetros de distancia, ocupados por campos y monte sin más claridad nocturna que la de una tímida luna con frecuencia oculta tras las nubes.

Ya dentro de la casa, Peter Netzsaj me invitó a pasar a un salón de paredes altas, decorado con estanterías que tenían un fondo de madera oscura y cientos de libros de todos los tipos y colores agrupados en filas sobre sus baldas. Cogió una carpeta azul de un cajón, la depositó sobre una pequeña mesita de té que había entre dos sillones de piel de un tono granate apagado, y me invitó a sentarme en uno de aquellos sillones al tiempo que él se sentaba en el otro apoyándose en su bastón. Utilizando el móvil, llamó a Anthony, su asistente, que apareció en poco tiempo. Me lo presentó diciéndole que yo era un familiar suyo y que me quedaría a pasar la noche en la casa. Anthony era un hombre pelirrojo y chato de unos cincuenta años, de origen irlandés y apariencia impecable que, por alguna razón, no tenía ninguna uña en los dedos de la mano derecha. Netzsaj le pidió unas tazas con té que no tardó en traer y colocar junto a la carpeta, sobre la mesita que estaba a nuestro lado, y nos dejó solos.

Peter Netzsaj me contó que de joven trabajó más de veinte años como ilusionista. Viajó por todo el mundo actuando en circos, en teatros y en los más diversos lugares mostrando su habilidad con trucos de magia y mentalismo. Durante esta época de su vida progresivamente fue adquiriendo mayor interés y conocimiento en torno al poder que la mente conseguía a través de determinadas actividades conectadas con el desarrollo de la concentración, la intuición, el hipnotismo, la telepatía, la adivinación y otras prácticas que desbordaban el quehacer cotidiano de nuestros sentidos. El control de todas estas habilidades le animó a dar un paso más, a embarcarse en el dominio de lo que aparentemente está contaminado de superstición, a profundizar en el misterio más terrible que custodian las religiones, en el poder de acceder al universo animado de la muerte. Investigó el mundo de lo oculto, enraizado en los miedos y tabúes más atroces, suspendido sobre lo inaccesible o prohibido y asociado a los caminos que conducen a la locura.

Una vez que Peter Netzsaj comprobó que yo estaba más relajado, que habíamos alcanzado cierto grado de confianza y mutuo entendimiento, abrió la carpeta que había dejado sobre la mesita de té y me mostró algunos documentos y fotografías conectados con Judas Tadeo Álvarez, con mis padres y conmigo. Allí había una copia de mi partida de nacimiento, con mi nombre completo: Judas Josué y de la de Judas Tadeo. A ambos nos habían puesto un nombre compuesto que contenía el nombre de Judas. Además, había fotografías de mis padres en el circo, incluso los billetes de avión con los que por primera vez llegué a Europa. Mientras yo revisaba lo que contenía la carpeta, él me confesó que conoció a mis padres, que trabajaba en el mismo circo que ellos cuando presenció el trágico accidente que causó la muerte de ambos; y que él fue la persona que me trajo desde la ciudad argentina de Córdoba, en donde ocurrieron aquellos hechos horribles, hasta la casa de mis abuelos. Además, me comentó que mis padres no tenían una buena relación con mis abuelos, llevaban años sin comunicarse con ellos, ni siquiera les llegaron a decir que habían tenido dos hijos, y, tal vez por eso, mis abuelos me habían ocultado que tuve un hermano gemelo que ni ellos habían llegado a ver.

El propio Peter Netzsaj fue quien se puso en contacto con mis abuelos por teléfono para comentarles que mis padres habían muerto y que él personalmente viajaría, tan pronto como le fuera posible, a España o Inglaterra para llevarme con ellos. Cuando algunos días después Netzsaj me entregó a mis abuelos en Asturias, les comentó que mi madre había tenido gemelos, pero mi hermano había muerto poco después de nacer. Peter Netzsaj les llevó documentos que avalaban todo lo que les decía, entre ellos un certificado falso de la defunción de mi hermano. Mi hermano gemelo era Judas Tadeo Álvarez.

Tadeo realmente estuvo apunto de morir, por culpa de una infección que contrajo poco antes de fallecer mis padres, pero fue la esposa de Netzsaj, Esther, que no podía concebir hijos, quien le cuidó. Fue ella quien ideó el plan de abandonar el circo en el que trabajaban haciendo coincidir su marcha con el viaje para llevar a los niños a Europa con sus abuelos, con el fin de no levantar sospechas entre los otros compañeros del circo; sin embargo, Esther se marchó a México con Judas Tadeo, a la ciudad de México Distrito Federal, y Netzsaj se reunió con ellos al volver de Europa.

Cuando Tadeo apenas tenía siete años Esther murió, Peter Netsaj se trasladó a Boston con su hijo y, al poco tiempo, se volvió a casar con una de sus admiradoras más fieles, con una mujer que poseía una gran fortuna económica y larga experiencia en el mundo del ocultismo, la parapsicología y las organizaciones secretas, con Lauran Wachusett. Ella condujo a Netzsaj a avanzar en las posibilidades del mentalismo introduciéndolo en el las prácticas del ocultismo y, también, propició el conocimiento y el poder que Tadeo alcanzó en esta área.

Después, mientras cenábamos, Peter Netzsaj me contó cómo Judas Tadeo desde pequeño demostró una capacidad excepcional para las prácticas conectadas con el mentalismo. Con sólo seis años, ya trabajó con él en sus espectáculos evidenciando que memorizaba sin dificultad, con sólo oírlo una vez, el nombre y el apellido de los más de cien espectadores que solían colaborar con aquel número, y era capaz de adivinar símbolos o dibujos que personas de entre el público realizaban espontáneamente con el fin de comprobar si realmente aquel niño poseía esa facultad excepcional de captar la imagen que se le ocultaba.

La conversación se prolongó hasta tarde. El viaje, el cansancio acumulado de días anteriores, y la tensión que me produjo toda aquella situación extraña y contradictoria en muchos sentidos en la que me veía envuelto, provocaron que me sintiera realmente agotado. Peter Netzsaj también mostraba signos de cansancio, así que aplazamos alguna de las cosas de las que debíamos hablar para el día siguiente. Netzsaj me acompañó subiendo con dificultad por unas escaleras que comunicaban el hall del primer piso de la casa con la segunda planta. Con una mano se apoyaba en una barandilla y con la otra en su bastón. Al llegar a la mitad del tramo de escaleras que separaba las dos plantas de la casa, se paró y miró a un cuadro colgado sobre la pared de aquel lugar. Se trataba de un retrato de Lauran Wachusett, su segunda esposa, de estilo expresionista, realizado en colores muy vivos que contrastaban sobre el fondo mate de un verde claro, casi amarillento, como el que toman algunas hojas al secarse. En ese momento, Netzsaj me dijo:

-Desde la muerte de Lauran, cuando subo al dormitorio, siempre descanso durante unos segundos en este lugar y, contemplando su retrato, le doy las buenas noches. Algunas personas ven en la muerte una desaparición o un distanciamiento de quien ha fenecido; para mí, sin embargo, la muerte representa una aproximación y un reencuentro más íntimo con aquellos que han fallecido. Mi segunda esposa, Lauran, antes de morir solía encontrarse cerca de mí, ahora siento que puede estar siempre a mi lado, que forma parte de mí como no lo hacía cuando estaba viva. La muerte no conlleva necesariamente extinción, por el contrario, puede representar una forma de consolidar la existencia de quien deja de vivir. Pero de esto ya hablaremos mañana, si lo deseas, ahora los dos estamos muy cansados.

Una vez que llegamos al que sería mi dormitorio por aquella noche, se despidió de mí hasta el próximo día.

Realmente estaba agotado. Peter Netzsaj había sido extremadamente amable y atento conmigo, pero yo aún no podía asumir el hecho de que Judas Tadeo hubiera muerto. En ese dato, quizá me hubiera engañado. No resultaba difícil admitir la verosimilitud de todo lo que Peter había contado a excepción de lo relacionado con la muerte de quien resultó ser mi hermano gemelo. ¿Cómo podía ser que yo hubiera estado con él en Londres o que conservara el libro que él me había dado con la dirección de aquel lugar? Realmente se trataba de una situación contradictoria, inadmisible ante la lógica de la evolución natural de los acontecimientos reales. Por otra parte, la existencia de una tumba no conllevaba necesariamente que hubiera dentro un cadáver, y si así fuera, podía tratarse del cuerpo de otra persona diferente a la del nombre que aparecía inscrito en la losa de mármol. ¿Pero por qué razón iban a querer simular la muerte de Judas Tadeo?

Por la mañana esperé a que Peter Netzsaj llamara a la puerta de mi habitación para desayunar juntos, pero en su lugar vino Anthony, su ayudante, él me acompañó a desayunar y comentó que Netzsaj no se encontraba bien, tenía fiebre y estaba descansando; pero a mediodía se levantaría y podríamos almorzar juntos. Me insistió que no me fuera sin ver antes a Peter Netzsaj.

Después de desayunar, me acerqué a recoger del coche el ordenador y algunos otros objetos que necesitaba. La niebla envolvía el cementerio, la casa y el jardín que existía frente a la fachada de la casa convirtiéndolos en un espacio ascético, cargado de esa espiritualidad impregnada de aislamiento que caracteriza el paisaje natural escocés.

Eché un vistazo a los periódicos digitales de Southampton y no encontré ninguna referencia a las hermanas Brown o a su residencia. Ni en el Daily Echo, ni en el Southampton News pude leer una simple línea que hiciera referencia a todas aquellas personas que habían desaparecido o tuvieron que abandonar la casa al descubrirse los asesinatos.

Ese tipo de sucesos sólo son noticias mientras representan una novedad, luego, pierden interés para los medios de comunicación de masas, tal vez, porque lo que les interese a quienes redactan las noticias no sea el destino humano, sino, más bien, vender una novedad.

En ese momento sentí que los periódicos, la televisión y, en general, lo que llamamos los medios de comunicación de masas se están transformando en un mercado de noticias en donde las circunstancias cotidianas de las personas sólo adquieren valor en la medida que se convierten en mercancía, en novedad informativa de consumo diario para grandes audiencias. Por otra parte, en mi correo electrónico no había ningún mensaje relacionado con las hermanas Brown o con la residencia. Había supuesto que la policía o, tal vez, alguien, sin saber exactamente quién, podían haber necesitado consultarme algo sobre lo que ocurrió allí, pero no, estaba equivocado. De alguna forma, eso me ayudó a centrarme en lo que me estaba pasando en Escocia.

A mediodía vino un doctor a reconocer a Peter Netzsaj y, poco después de que éste se fuera, Netzsaj salió de su cuarto y me invitó a almorzar con él. Estaba bastante débil, pese a todo, me comentó que se había levantado porque necesitaba hablar conmigo. No tardé en mostrarle el libro que Tadeo me dio el día que me encontré con él en Londres. Lo abrí y le enseñé la página en la que Judas Tadeo había escrito la dirección del lugar en donde nos encontrábamos, señalándole que aquel hecho había ocurrido hacía tan solo unos tres meses y que, por tanto, era imposible que Judas Tadeo estuviera enterrado casi dos años en la tumba que él me había mostrado el día anterior. Con tranquilidad, me respondió que podía explicarme todo, si yo tenía la suficiente paciencia, discreción y serenidad que aquel asunto reclamaba.

Primero, me hizo ver que la única letra que se podía reconocer era la mía, que yo mismo había escrito aquella dirección sobre una mancha de tinta ilegible, no sobre otras letras; después, me mostró cómo resultaba difícil que ese libro hubiera absorbido tanta agua como mostraba la disposición arrugada de sus pastas y hojas si, como yo le había dicho, sólo permaneció mojándose unos segundos, pues lo recogí y lo sequé rápidamente; más bien, parecía que aquel libro había permanecido bastante tiempo en el suelo empapándose bajo la lluvia. A continuación, señaló que eso no significaba que él dudara de mis palabras, por el contrario, me confesó que estaba convencido de que yo había percibido aquel encuentro con Judas Tadeo en Londres como una experiencia normal, tal y como se la había narrado. Ahora bien, si realmente deseaba comprender cómo sucedieron los hechos, qué fue lo que probablemente pasó en mi encuentro en Londres con Tadeo, entonces, necesitaba ser valiente y tenía que dudar de las apariencias, de lo que a primera vista me habían mostrado mis sentidos, debía extender los márgenes de la realidad al campo de lo increíble, resultaba imprescindible abrir mi mente a la posibilidad de lo inaudito e inevitablemente tenía que ahondar en los fundamentos de la verdad para arrancar lo factible de lo inadmisible.

Se levantó, abrió el cajón de un buró escocés de nogal con patas muy finas y altas, que había junto a la pared, entre dos ventanas. Sacó una baraja de cartas que me mostró por ambas caras y me preguntó:

-¿Qué ves?

-Una baraja española de cartas. –Yo le respondí.

Él puso todas cartas boca abajo sobre una mesa y me pidió que fuera descubriendo una a una cada carta. Todas se habían transformado en imágenes de plantas. No había ni un solo naipe en aquella baraja.

A continuación, añadió:

-Imagina que lo que tú viste, oíste o llegaste a percibir durante tu encuentro con Tadeo en Londres hubiera sido un efecto psicológico similar al truco que acabas de contemplar. Supón por un instante que Tadeo muerto hubiera trastocado tu percepción de la realidad para que sintieras su presencia como un ser físico, pese a que sólo estaba a tu lado como espíritu o ser inmaterial. En ese caso, él podía haber estado contigo hace tres meses en Londres sin dejar de ser verdad que ya estuviera muerto.

Yo le respondí:

-Es cierto, en ese caso pudiera ser así. Pero no creo que la realidad funcione como un espectáculo de ilusionismo. Yo soy actor y he aprendido a distinguir entre lo que sucede en el escenario y lo que ocurre en la calle, fuera de las representaciones. Por otra parte, confundir lo ficticio con lo real me parece que es propio del engaño o de la locura. En el escenario se puede morir tantas veces como representaciones escenifiques, pero en la vida real sólo una. Además, yo nunca he creído en espíritus que sobrevivan a la muerte, yo pienso que cuando te mueres, dejas de existir. El espíritu es algo así como el ritmo del latido del corazón, desaparece cuando éste deja de latir. La creencia en la vida después de la muerte, pienso que es un residuo supersticioso de las culturas.

Después de escucharme con atención se quedó en silencio, se acercó a la ventana, miró tras el cristal. La niebla se había levantado. Ése era el momento del día en que la luz impregnaba de más vida el paisaje del jardín y de los campos y colinas verdes que rodeaban la casa y el cementerio. Me invitó a salir de la casa y a dar un paseo por sus alrededores. Apoyándose en el bastón con una mano y sosteniéndose en mi brazo con la otra, salimos al jardín.

A mediodía la luz transforma el paisaje escocés, revitaliza los colores, acaba con la tibieza de esa claridad reducida propia de los amaneceres de cielo cubierto o con niebla, y exhibe la exuberancia efímera de la vida que se anticipa al gris de la sombra que cubre todo al atardecer. La luz ahuyenta los estereotipos del paisaje escocés y lo muestra desnudo, cargado de una naturaleza rebosante de vida, incluso donde parecía que sólo había muerte.

Mientras paseábamos Netzsaj retomó la conversación que tuvimos en el interior de la casa, y me comentó:

-No te falta razón cuando afirmas que el ilusionismo y el teatro se basan en la ficción, pero no me negarás que, a veces, en el mundo de la literatura y de los escenarios se dice y se muestra la verdad con más nitidez que en lo que llamamos la vida corriente. Por otra parte, ¿qué pasaría si la televisión, la radio, la prensa e, incluso, la información que se transmite a través de los libros hubiera convertido la realidad en un gran espectáculo? ¿Qué sucedería si los grandes instrumentos de educación y divulgación en los que se sostiene la opinión pública, las creencias, los gustos y necesidades de las sociedades contemporáneas no difundieran una verdad basada en la realidad y, sin embargo, transmitieran un tipo de verdad sesgado, mediatizado, el que les convenga contar y, posiblemente, deseamos oír? Si examinas con detenimiento las creencias del mundo en el que vivimos, podrás comprobar que no se apoyan en menos mitos que en tiempos de la Grecia del siglo quinto antes de Cristo. La mitología que distorsionaba la fiabilidad de las creencias no ha desaparecido a lo largo de estos siglos. Aquellos mitos simplemente se han ido sustituyendo por otros.

Por un instante, atrévete a pensar que tus creencias personales y tus certezas forman parte de esa superstición de la que me hablabas. Entonces, ¿no necesitarías aprender a ver la realidad de forma diferente? ¿No deberías sentir que la verdad afianza su cordura más en la búsqueda de lo que los hechos pueden ser, que en la certeza de lo que se nos informa que son?

Tú dices que la existencia de espíritus es cosa de superstición. No te lo niego, pero de la misma manera, yo te respondo que las ideas que me argumentas para creer eso, se basan en una educación y una comprensión de la realidad manipulada o sesgada a través de unos medios que convierten a las personas en algo intranscendente, poco valioso, trivial, sin importancia, manipulable.

Al atardecer se levantó un viento frío del norte, que atravesando y moviendo con fuerza las copas de los tejos del jardín y del cementerio, producía un silbido misterioso que invitaba al silencio. Poco a poco, el cielo se fue cubriendo de nubes negras y las sombras del atardecer dieron paso a una noche oscura y fría, en la que sólo se veía una negrura opaca a través de las ventanas.

Durante la cena, Netzsaj me invitó a quedarme unos días más con él. Me comentó que, posiblemente, necesitaría mi ayuda para realizar unos trámites pendientes conectados con la empresa que dirigía Judas Tadeo antes de morir. Por otra parte, señaló que aún tenía que comentarme algunas cosas importantes relacionadas con Tadeo y conmigo, pero prefería dejarlo para otro momento en que él estuviera menos cansado, tal vez, para la mañana siguiente. Yo acepté.

Netzsaj tenía un ligero rebrote de fiebre, necesitaba descansar y se acostó pronto. Yo estuve leyendo hasta tarde, después, me quedé dormido; pero un sonido me despertó. Me pareció oír algo semejante al llanto de un niño fuera de la casa. Me levanté de la cama y me acerqué a la ventana. Miré a través de los cristales, y todo estaba envuelto en tinieblas, a duras penas se veían las formas de los tejos agitados por el aire. Permanecí unos instantes junto a la ventana en silencio, pero sólo oía el ruido del viento. Me acosté y, a los pocos instantes, volví a escuchar aquel sonido. No me había equivocado, se oía un quejido casi imperceptible similar al llanto de un niño. Mi razón me decía que era imposible que pudiera haber un niño allí afuera, en el jardín o en el cementerio, a más de veinte kilómetros de la población más cercana. Aquel llanto debía ser el maullido de algún gato o de algún otro animal. Pero, por otra parte, sentía que había algo en el exterior de la casa que me esperaba. Una fuerza irracional, relacionada más con un presentimiento que con una idea clara, me empujó a bajar las escaleras hacia el pasillo de entrada de la casa y a abrir la puerta. Mi conciencia me decía que no era prudente salir con aquella tormenta; sin embargo, no podía dejar de avanzar para acudir al encuentro de lo que me llamaba. Sentía que una especie de fuerza hipnótica me arrastraba hacia la cripta del cementerio, de donde procedía el llanto que, según me aproximaba, iba apagándose hasta confundirse con el silencio y el silbido del viento.

Cuando estaba junto a la puerta de la cripta noté el mismo olor extraño que percibí cuando oí aquel rugido monstruoso en la habitación de la casa de campo de Robyn, la directora de la compañía de teatro con la que actué en Madrid, se trataba de un olor ácido con presencia de incienso. Aquel olor me hizo reaccionar e intentar retomar el control de mi voluntad. Me provocó la impresión de que acababa de despertar de una pesadilla que se estaba transformando en realidad. Miré a mi alrededor, la oscuridad apenas me permitía ver la puerta de la cripta, las ramas de los tejos y la figura de las sepulturas más próximas. Sólo se oía el viento; pero yo notaba la presencia de algo que estaba cerca de mí observándome, de un ser que podía evidenciar mi insignificancia ante uno de sus simples rugidos infernales. Me sentí indefenso como una presa a punto de sufrir un ataque salvaje. Se apoderó de mí la terrible sensación de ser víctima de un peligro que me amenazaba mortalmente. De súbito, me invadió un terror atroz, notaba cómo el silencio, el frío helador y la soledad de la indefensión ante la muerte inminente me paralizaban y me impedían mover los pies para escapar, para regresar a la casa.

Tal vez fue una reacción instintiva o la confianza de haber superado situaciones de miedo anteriores en Madrid, lo que trajo a mi mente la palabra "miedo". Ser capaz de concentrarme unos segundos en esa palabra fue lo que me permitió dar un primer paso, al que, luego, siguieron otro y otro, hasta llegar a la puerta de la casa. Mientras caminaba no dudaba que allí, en algún lugar oculto, un ser extraño, lo que fuera, me vigilaba observando atentamente todas mis reacciones; sin embargo, el recuerdo del compromiso que había adoptado hacía ya tiempo conmigo mismo de ser más fuerte que mis propios miedos, me hizo recuperar el control. Ya dentro de la casa, mientras subía las escaleras para mi habitación procurando hacer el menor ruido posible, reconocía con claridad cuál había sido mi debilidad y mi defensa: el miedo y la voluntad para dominarlo, que brotaba de la decisión de hacerme superior a él.

No cuestioné ni por un instante que una fuerza extraña me había conducido hasta la cripta y había logrado paralizarme momentáneamente; ahora bien, ¿había producido mi mente aquella realidad extraña capaz de dominarme?; ¿había sido mi miedo el que había abierto una puerta a otra dimensión de la realidad de la que emergió esa entidad desconocida?; ¿o, simplemente, mi imaginación me engañaba con fantasías y yo me dejaba llevar por ella, como un niño por el miedo a la oscuridad?

Capítulo 7

A la mañana siguiente, tanto Netzsaj como yo nos levantamos tarde. Él me despertó llamando a la puerta de mi dormitorio para que le acompañara a desayunar. Golpeó la puerta del dormitorio y preguntó:

-¿Leucónoe estás ya despierto?, ¿bajas conmigo a desayunar?

Durante el desayuno le pregunté por qué me llamaba siempre Leucónoe, desde el primer día que me vio en la exposición de fotografía. Él me respondió:

-Así llamaba yo a mi hijo Tadeo de forma cariñosa. A él le gustaba poner sobrenombres que funcionaban como códigos construyendo un lenguaje que sólo entendíamos él y yo. Él me llamaba Horacio. ¿Conoces la oda XI de Horacio en la que se anima a Leucónoe, hija de Neptuno, a disfrutar de cada instante de la vida sin confiar demasiado en el futuro?

-Claro, es uno de los tópicos universales dentro de la literatura. –Respondí yo. El añadió con profunda seriedad:

-Sí, lo es. Tadeo la interpretó de una manera peculiar, conectándola con otro elemento de la literatura clásica, el llamado número áureo, divina proporción o geometría áurea. Yo le enseñé a reconocer la íntima conexión entre el alma de la literatura y la matemática en la tradición clásica occidental. Sobre la fuerza que genera esa unión intrínseca se levantaron los muros de diversas comunidades en este mismo lugar en el que estamos tú y yo charlando, y en otros similares, siguiendo una tradición que se remonta a los pitagóricos griegos. Ellos inspiraron la búsqueda de la armonía y el acceso a la inmortalidad a través de la mística que subyace a la estructura matemática de la naturaleza, y su influencia ha llegado hasta nuestros días. Todas las personas enterradas en los sepulcros del cementerio contiguo a esta casa formaron parte de esa comunidad.

Noté que Netzsaj hablaba de este tema de forma especialmente grave, esforzándose por dar importancia a las palabras que pronunciaba, mirándome fijamente y con seriedad. Yo traté de mostrar interés por todo lo que me contaba y le sugerí que continuáramos la conversación sentados en los sillones de la biblioteca, próxima al hall de la entrada de la casa. Era una sala de techo alto que poseía unos ventanales decorados con cristaleras que exhibían formas geométricas de gran belleza, llenas de colores que, dependiendo de la luz del momento del día, se iluminaban con más o menos intensidad.

Ya sentados cómodamente en los sillones granates de la biblioteca, le pedí que me explicara con detenimiento qué era eso del número áureo y qué tenía que ver con Judas Tadeo y con la gente que yacía en el cementerio, pues no había entendido con claridad lo que me acababa de contar. Él me respondió así:

-Mi segunda esposa, Lauran, me introdujo en una congregación secreta muy elitista, formada por muy pocas personas. En ese momento de mi vida, yo necesitaba superar mis habilidades como mentalista, buscaba dar el paso que me permitiera trascender los límites de una realidad incrustada en lo rutinario, deseaba acariciar lo imposible, necesitaba enfrentarme al abismo de la muerte y ser capaz de pronunciar lo inefable. Se trataba de una comunidad que remonta sus orígenes, posiblemente, a la Baja Edad Media, aunque se basa en principios recogidos en la filosofía y la literatura griega y romana anteriores a Cristo. Esta comunidad se guía en torno a unas prácticas que hoy en día se clasificarían de ocultistas, mediante las cuales sus miembros han sido capaces de perpetuar su entidad como seres vivos más allá de su muerte física, incorporando siglos de sabiduría, experiencia y, por tanto, de responsabilidad ante la marcha de la historia en su tradición.

-Pero, ¿a qué prácticas ocultas te refieres? –Le pregunté yo a continuación. Y él me dijo:

-El secreto esencial en torno al que se ha prolongado la existencia de esta comunidad durante siglos hasta hoy radica en la fusión de dos principios universales. Por un lado, el hecho de que en el universo la estrategia que conecta a todo lo que permanece es el cambio. Sólo a través del cambio el ser de la realidad alcanza la eternidad. Por otro, en el dato de que el cambio que facilita la vida sigue una proporción fija y armónica en la naturaleza, presidida por el número áureo o, también llamado, proporción áurea o divina. Esta proporción se encuentra difuminada allí donde la vida necesita abrirse espacio en la naturaleza. La podemos encontrar, por ejemplo, en la disposición de los pétalos de las flores y en la distribución de las hojas en un tallo; entre la relación de las nervaduras en las hojas de los árboles; en la distancia entre las espirales de una piña o en la forma de espiral propia de caracoles o cefalópodos como el nautilus; en la relación de múltiples medidas del organismo humano, como la altura de la cabeza y la rodilla; en la estructura microscópica de algunos cristales o en la imagen que preside la forma y distribución de galaxias.

Yo no entendía cuál era la relación entre las prácticas ocultistas y la imagen dinámica y matemática de la realidad que Netzsaj me estaba explicando, así que, de nuevo, le pregunté:

-Sinceramente, Netzsaj, yo no veo qué conexión existe entre todo lo que me estás contando y unas prácticas ocultistas que den el poder de la inmortalidad.

Él, entonces, continuó explicándome lo siguiente:

-Si al morir un hombre o una mujer se mantiene comunicación con su espíritu a través de unos ritos que le permitan pasar a formar parte de otra persona viva, se podrá prolongar sucesivamente su entidad a través de las vidas de las nuevas personas en las que se integre.

Entonces, yo le indiqué que me parecía creer que se refería a lo que normalmente la gente llama posesiones de personas por espíritus extraños. Pero él me respondió con rotundidad que no. Dijo:

-No. Yo no me refiero a una posesión. Me refiero a formar parte de una persona sin menguar su individualidad y libertad; por el contrario, aumentándola, reforzándola con la energía oculta que proporciona cada espíritu. El espíritu del muerto se aloja formando una disposición áurea en la dimensión inconsciente del individuo, volcando su experiencia y conocimientos en la memoria de la persona que lo acoge, sin distorsionar la personalidad, la coherencia o la cordura de quien recibe al espíritu. El cuerpo vivo de una persona representa una especie de nave donde sólo una persona la dirige, sólo tiene un capitán; pero ese capitán alberga en su conciencia el eco de otros espíritus, en ocasiones, cientos, que funcionan igual que recuerdos de libros leídos o historias soñadas.

Para que entiendas con facilidad la trama de esta realidad que pretendo explicarte, compárala con un sueño. Los espíritus adheridos formarían parte de la dimensión de los sueños de quien los cobija. Pero en el curso de la experiencia racional sólo a quien pertenece originariamente el cuerpo es el responsable de sus actos y decisiones.

Después de contarme todo esto, Netzsaj me miraba expectante, como si esperase algún tipo de respuesta de mi parte. Y yo no sabía bien cómo reaccionar. De tal forma que, directamente le pregunté.

-Netzsaj, pero ¿por qué me cuentas esto si se trata de secretos, de ritos ocultos y yo me siento totalmente ajeno a todo esto? Yo, como ya te he comentado, no creo en otras vidas, ni en la posibilidad de mayor eternidad que la de una simple vida. No creo en reencarnaciones, ni en espíritus. Sin querer ofenderte, y con el máximo respeto y reconocimiento que te debo por tu hospitalidad. La verdad es que todo lo que has dicho me parece más propio de una película que de algo real. Vamos, y cuando digo real, me refiero a que me pueda pasar a mí, por ejemplo.

Al acabar de oírme decir esas palabras, a Netzsaj se le dibujó una amplia sonrisa en la boca, se le borró el tono grave y serio que había mantenido en su rostro, y sus ojos grandes adquirieron una mirada más alegre y desenfadada. Puso su mano sobre mi rodilla y me dijo:

-Eso es, precisamente, lo que te esperaba escuchar. Mi apreciado Leucónoe. Todo lo que te he contado está relacionado contigo, tú eres la clave, la piedra angular o el nudo gordiano, como se quiera decir, de toda esta historia.

En ese momento, durante unos segundos, Netzsaj miró una fotografía que estaba colocada en una de las estanterías de la biblioteca, a mi izquierda, cerca de los sillones en los que estábamos sentados. Era un retrato de Judas Tadeo, posiblemente realizado hacía unos cuatro o cinco años. Era idéntico a mí. Podía ser perfectamente una fotografía que alguien me hubiera hecho a mí. Netzsaj se levantó con ayuda del bastón, se acercó a la estantería y recogió la fotografía, volvió de nuevo al sillón, dejó el marco con la fotografía sobre la mesita de té que estaba junto a los dos sillones y, sin perder la sonrisa, pero profundamente emocionado, con los ojos próximos a dejar caer lágrimas, dijo:

-Esa es la cuestión, Neucónoe. Aunque aún no lo puedas creer ni comprender, tu hermano ya forma parte de ti. Tú contienes toda su energía viva. Te escogió a ti, porque eres el ser más próximo a él, no sólo por familia, sino porque sois como dos gotas de agua en vuestros sentimientos, razonamientos, gustos, en todo.

¿Recuerdas nuestro encuentro cuando fuiste a ver la exposición de Duane Michals?

Pues bien, yo financié aquella exposición de fotografía, siguiendo el proyecto que Tadeo me diseñó antes de morir. Él me dijo que me dirigiera a ti cuando contemplaras la fotografía del hombre iluminado. Las palabras que te comenté entonces y que tú pensabas que no tenían sentido, eran versos que forman parte del rito de migración del espíritu que yo quise recitar, para, de alguna forma, reavivar la presencia de Judas Tadeo en ti. ¿Recuerdas aquellos versos? "*Todo y nada te hacen fugaz e inmortal. El cambio te hace eterno resurgiendo en algo distinto sin dejar de ser tú. Vuelo de halcón, hoja de rosa, secreto de la vida que busca la libertad...*" El que yo te cogiera la mano izquierda y dibujara sobre la palma, con uno de mis dedos, una estrella inscrita en un pentágono forma parte de las contraseñas de reconocimiento entre Tadeo y yo. ¿Sabes por qué recordabas con total nitidez la dirección de este lugar, pese a que no se podía leer en el libro que me enseñaste? Porque Judas Tadeo la proyectó en tu memoria, como muchos más conocimientos y posibilidades que están ahora en ti y que serás capaz de desarrollar cuando llegue su momento.

Yo contesté:

-Bueno, esa es una forma de plantear el curso de los acontecimientos. En realidad, lo que nos ocurre puede explicarse de muchas maneras. Y, lo cierto, es que, a la hora de la verdad, cada cual encuentra su propia explicación de lo que nos pasa. Pero, ahora que me has traído a la memoria el día que te conocí en la exposición de Duane Michals, tengo que confesarte que pensé que te habías equivocado de persona y, lo cierto es que me dejaste desconcertado. No entendía nada de lo que me decías; por ejemplo, en aquel momento, me hablaste de que pasaría por mí el nuevo peldaño de la espiral logarítmica, o algo así. ¿A qué te referías con eso? Me he acordado de esas palabras en más de una ocasión y no he sido capaz de encontrarles sentido.

De nuevo, Netzsaj recuperó el gesto serio y, después de mirar unos segundos en silencio a las cristaleras, como deseando inspirarse en la luz de colores que reflejaban, me comentó:

-Apenas dentro de unos días, cuatro máximos representantes de la comunidad de la que te he hablado vendrán a esta casa para realizar la ceremonia del Pentágono Áureo. Ese es el rito más importante y antiguo en la comunidad. Los cinco integrantes que celebran esta ceremonia aúnan sus fuerzas desarrollando un poder especial de influencia sobre la humanidad, y depositan este poder en manos del miembro del grupo más apto para acceder a ese cargo. Este rito se celebra cada cinco años. Un lustro es el periodo que tarda en configurarse el trazo de una espiral logarítmica en la evolución de la historia. Un lustro viene a ser un peldaño en la marcha de la historia. De quien participa en la ceremonia recogiendo el poder que le otorgan los otros cuatro celebrantes, se dice que recoge el gnomon, o marca del tiempo, durante un periodo de cinco años, aproximadamente. Quien sostiene el gnomon, tiene el poder real para influir en la marcha de la historia y es responsable de imprimir la fuerza adecuada en la evolución de los acontecimientos sociales como para guiar el trazo de la curva hasta un nuevo punto que de lugar al inicio de otra espiral, y así sucesivamente hasta el final de la historia. La historia no es sino una profunda espiral logarítmica de actos individuales y acontecimientos sociales que se enrosca sobre sí misma. Y esa es precisamente la esencia del tiempo, el ritmo de la vida que se reencuentra con cada nueva generación, el reencuentro de lo que se puede ser con lo que se es.

En ese tramo de su explicación yo le interrumpí para comentarle:

-Netzsaj, has dicho que en la ceremonia del Pentágono Áureo participan cinco miembros destacados de vuestra comunidad; pero, creo haberte oído que sólo van a venir cuatro. ¿Eres tú el quinto integrante de ese ritual?

Netzsaj se levantó del sillón, metió la mano derecha en el bolsillo de su pantalón y sacó un pequeño fósil con forma de caracol y dijo:

-Esto es un ammonites del Devónico, un fósil que contiene en sí el secreto de la evolución de unos cuatrocientos millones de años. Ahora sostengo en mi mano un objeto que ha sobrevivido lo que para una vida humana representa casi rozar la eternidad. El tiempo no lo ha destruido, lo ha transformado. El eco de la vida del animal que fue y de todos los acontecimientos que le han rodeado a lo largo de este periodo inmenso de tiempo permanecen ocultos en este pequeño trozo de piedra. ¡Toma!, ¡cógelo! Sostenlo unos instantes en tu mano, concéntrate en lo que este objeto te trasmite y dime lo que sientes.

Él lo depositó en la palma de mi mano y me miró esperando una respuesta. Yo, primero, sentí el peso ligero del pequeño fósil en mi mano; luego, observé la belleza de su forma, la armonía y perfección de sus curvas; finalmente, cerré la mano y los ojos e intenté concentrarme en lo que aquel objeto me hacía sentir o me inspiraba. Entonces, le dije:

-Siento la emoción de un silencio que me sumerge en la percepción del tiempo. Una quietud que recoge la cadencia de mis latidos y los lleva hasta el interior más remoto de la roca que sostengo y, desde allí, los hunde hasta un infinito que me fusiona con la fuerza que mueve el universo. Siento que el tiempo me muestra la insignificancia y la grandeza de cada uno de mis latidos, de cada una de todas las vidas humanas, y me hace ver que cada instante integra todo, y todo fluye en el tiempo a la nada sin que sea ese su fin.

Netzsaj, después de oírme, dijo:

-Tú serás el quinto miembro que celebrará la ceremonia del Pentágono Áureo. Tú ocuparás el puesto que estaba destinado para Tadeo, sostendrás el gnomon y guiarás el pulso que trace la nueva espiral logarítmica de nuestro tiempo.

A continuación, yo le contesté:

-Pero Netzsaj, no puedes hablar en serio. No me parece verosímil que me pidas que forme parte del ritual de un grupo o una comunidad que, según me cuentas, tiene gran similitud con las sectas que yo he investigado y he denunciando a lo largo de estos últimos años. Además, por otra parte, la ceremonia participa de unas creencias y tradiciones con las que no me siento identificado.

Sin embargo Netzsaj, poco a poco, me fue convenciendo, me persuadió del interés que podía tener para mí colaborar con él en aquella situación. Me mostró que ayudarlo podía representar para mí una oportunidad única para investigar el funcionamiento de este tipo de ritos. Lo cierto es que, finalmente, accedí a colaborar en aquella ceremonia.

A lo largo de los días siguientes Netzsaj logró impresionarme con el dominio que poseía de las matemáticas. Me mostró una imagen del universo basada en una especie de racionalidad numérica capaz de explicar cada relación, cada objeto, cada hecho de la naturaleza a través de los números. Incluso me enseñó la conexión íntima entre la música y las matemáticas. De todo lo que aprendí con él durante aquellos días, lo que más valoro hoy es la profunda admiración e interés ante la belleza que desprende esa armonía numérica del cosmos.

Pasaron unas semanas y, finalmente, Netzsaj me sorprendió diciéndome que durante la noche de aquel día se celebraría la ceremonia del Pentágono Áureo. Desde la primera vez que me propuso participar en aquel ritual no habíamos vuelto a hablar del asunto. Yo no le había preguntado nada porque pensaba que, a fin de cuentas, para mí la participación en el rito que se iba a llevar a cabo sólo iba a ser una especie de representación teatral, donde actuaría siguiendo el guión que él me iba a mostrar. Pero a medida que se acercaba la noche y no me decía cómo debía actuar, ni veía aparecer a nadie por la casa, ni organizar ningún tipo de preparativo, empecé a sentir cierta intranquilidad, una tensa expectación que me hacía sentir mal, pues me temía que no se iba a tratar de un ritual del tipo que yo me había imaginado y, tal vez, iba a poner mi vida en peligro sin saberlo.

Serían las diez de la noche cuando Netzsaj me preguntó si estaba preparado. Pese a todo, le respondí que sí. A continuación, me pidió que me vistiera con un hábito, similar al de los monjes, de color gris cenizo, que si me tapaba la cabeza con su capucha ocultaba totalmente mi cuerpo. Después, salimos juntos al jardín. Yo le seguía sin hablar. No llovía, era una noche con viento, nublada parcialmente, que dejaba entrever la imagen brillante de una luna llena mientras las nubes pasaban algo dispersas, empujadas por el viento.

Del jardín pasamos al cementerio. Allí caminábamos solos en procesión, él iba delante recitando de memoria una letanía, que llamaba los "Versos de Oro", mientras movía una especie de cajita plateada con agujeros por donde salía humo de incienso. Yo marchaba detrás, atento a todo lo que pudiera suceder a mi alrededor. Estábamos envueltos de oscuridad parcial, ligeramente mitigada por los débiles rayos de luz que salían del interior de la cripta, a través de sus cristaleras y de su puerta entreabierta; sin embargo, Netzsaj no tropezó ni una sola vez. Las tumbas se podían ver con más nitidez cuando las nubes permitían que la luna las iluminara, creando una atmósfera tétricamente enigmática. El misterio que envolvía aquella situación se hacía más tenso cuando Netzsaj guardaba silencio y dejaba oír nuestras pisadas.

Aquel paseo ceremonioso por el cementerio acabó en las puertas de la cripta. Allí, Netzsaj se agachó y se manchó las manos con un barro violáceo que había en el suelo, justo alrededor del tronco de los tejos. Rápidamente reconocí el olor ácido que desprendía aquella sustancia. Era un olor peculiar que al mezclarse con el del incienso producía una exhalación inconfundible, la misma que percibí la noche que oí el rugido en la sierra de Madrid y la noche de la tormenta que escuché aquel llanto que procedía del jardín.

Cuando Netzsaj acercaba sus manos con aquel barro hacia mi cara, le agarré por las muñecas y, alejándolas de mi rostro, le pregunté:

-¿Qué es esa sustancia con la que te has manchado las manos al pie del tejo?

-Se trata de un barrillo que contiene taxina, un producto alucinógeno que se encuentra en un jugo que manan los tejos. Lo utilizaremos en el ritual. Si actúas como te indique no correrás ningún peligro. –Me respondió.

Luego, con aquel barro dibujó sobre la palma de mis manos un pentágono regular con una estrella inscrita y en mi frente pintó diez pentágonos diminutos en disposición triangular. Después, abrió ligeramente las puertas entreabiertas de la cripta y entró, yo le seguí.

Nunca había entrado en aquel lugar. Tras la puerta había unas escaleras presididas por un arco sobre el que se leía: "Todo es número". Descendiendo varios tramos de escaleras se accedía a una segunda puerta a través de la que se entraba a una sala abovedada, que poseía una luz muy tenue. La bóveda tenía forma de cúpula y mostraba una composición geométrica de pentágonos regulares estrellados entrecruzados que exhibían espirales áureas. En la parte inferior, justo debajo de aquella cúpula, el suelo también estaba decorado con una alusión geométrica al pentágono regular con una estrella inscrita, formando en su interior un nuevo pentágono que contenía la fórmula del número áureo: "uno más raíz cuadrada de cinco, partido por dos".

Cuando entramos en la cámara, Netzsaj se paró en la entrada y yo permanecí detrás de él. Sin mirarme, atento a todo lo que podía suceder en el interior de aquel lugar, me dijo:

-Hasta que yo te lo diga permanece siempre detrás de mí, en silencio, observando cualquier movimiento que se desarrolle dentro de la cámara.

En cada una de las paredes laterales existían dos arcos sin puerta que dejaban entrever pasillos oscuros. Sobre cada arco había un número del uno al cuatro. No pude resistir la curiosidad y le pregunté a Netzsaj adónde daban aquellos pasillos arqueados. Él me respondió que se dirigían a cuatro tumbas, que representaban el lugar de descanso de cada uno de los números que constituían "el Tetractus". Me dijo que los cuatro números del uno al cuatro, "el Tetractus", suman 10, que es el número que simboliza el universo.

Aquel lugar estaba impregnado de olor a incienso, que no lograba disimular cierto hedor a rancio, a esa humedad estancada propia de los lugares que habitualmente permanecen cerrados.

Inesperadamente, comencé a oír pasos que provenían de todas partes de la cripta, pero no veía a nadie. Netzsaj me tranquilizó diciendo que todo saldría bien y no correría ningún peligro si era capaz de controlar mis miedos. Y añadió:

-Cuando nos saluden repite exactamente lo mismo que ellos te digan, recita el saludo despacio y al mismo tiempo que yo, así será más sencillo para ti.

A los pocos segundos de decirme eso, entraron paralelamente en aquella sala cuatro hombres vestidos con un hábito similar al mío. Cada uno salió por un pasillo arqueado diferente. No se les podía ver ninguna parte del cuerpo. La cabeza, las manos, incluso los pies estaban cubiertos por el hábito que vestían. En ese momento, fui consciente de que Netzsaj y yo también ofrecíamos la misma imagen ocultos con nuestros hábitos ante ellos.

Los cuatro hombres se situaron debajo de la cúpula, tres detrás y uno delante, y pronunciaron juntos el mismo saludo ritual, declamando el juramento pitagórico:

-¡Ugeia hermanos!, juramos en nombre de las posibilidades que nos confiere el Tetractus, custodiado por nuestros espíritus, que el origen y el conocimiento de la naturaleza, que fluyen conforme a la espiral diseñada por la proporción áurea, están contenidos en él.

Nosotros respondimos con el mismo saludo, tal y como me había anticipado Netzsaj y, a continuación de unos segundos de silencio en los que todos permanecimos inmóviles, Netzsaj me susurro:

-Sígueme, ellos saben que eres muy poderoso, que Tadeo y todos los espíritus que convergen en él apiñándose en su ser, ahora forman parte del tuyo.

Nos dirigimos también nosotros al centro de la cámara, bajo la cúpula. Luego, los otros cuatro hombres y yo nos posicionamos justo cada uno en uno de los cinco vértices del pentágono, donde acababa cada una de las cinco puntas de la estrella inscrita, que formaba parte de la decoración del suelo. Los cinco estábamos colocados rectos, de pie, con los brazos caídos, de cara al centro del pentágono, donde se encontraba Netzsaj, que estaba formando una pequeña espiral áurea a base de realizar un dibujo vertiendo sobre el suelo un chorro de granos de arena o polvo de color dorado, depositándolo sobre las líneas del pequeño pentágono que contenía la fórmula del número áureo, en el centro de la estrella de cinco puntas.

Luego, Netzsaj realizó algún tipo de ilusión óptica que hizo que aquella espiral de arena o polvo dorado se moviera y fuera creciendo hasta el borde del pentágono, justo hasta nuestros pies. Netzsaj salió del pentágono y, desde fuera, fue uniendo la mano izquierda con la de la derecha de cada uno de los que integrábamos aquel ritual. Después, Netzsaj se alejó de nosotros.

A partir de ese momento, la luz de las lámparas que iluminaban la cripta fue perdiendo lentamente fuerza, oscureciéndose todo en la sala a excepción del lugar en el que nos encontrábamos, que comenzó a recibir una luz lívida y tenue, que emergía de la espiral que se movía en la superficie del suelo. Aquella espiral acabó produciendo, a su vez, espirales similares en su interior que formaban movimientos complejos.

Después de un rato, el pentágono sobre el que estábamos de pie parecía una ventana del cosmos. Terminó adoptando una imagen similar a la que se puede observar mirando al cielo una noche estrellada con un telescopio. Entonces, sentí un frío tremendo y la sensación de quedarme totalmente rígido, sin poderme mover. No sentía nada, pero podía ver que el cuerpo de las cinco personas que estábamos allí, de frente unos con otros, empezaba a convertirse en polvo, que pasaba a formar parte de aquel cosmos que se veía a nuestros pies presidido por la espiral áurea. Me decía a mi mismo que todo aquello era un espejismo producido por la taxina emanada de los tejos, o por cualquier otra sustancia que hubiera utilizado Netzsaj. Pero podía ver perfectamente cómo, de abajo a arriba, nuestros hábitos y con ellos nuestros cuerpos se iban pulverizando transformándose en granos de tierra o motas de polvo que pasaban a incorporarse a la imagen del cosmos, dándola una forma más definida y real. Después, recuerdo que hubo un momento en que sin poder ver nada, sí podía sentir que formaba parte de todo, como todo formaba parte de mi.

Luego, pensé que estaba muerto, sentí un vacío inmenso, una sensación desoladora, una quietud abominablemente acusadora que mostraba la vacuidad de la mayoría de las preocupaciones humanas, que denunciaba la vanidad de las pretensiones que había considerado poderosas; que delataba una mentalidad fatua y engreída que pretende apoderarse del conocimiento de la verdad refugiándose en mentiras parciales; que se atrinchera en la frivolidad de ver el mundo como nos conviene escondiendo nuestras culpas. Percibía una angustia claustrofóbica que me ausentaba de cualquier tiempo o espacio concretos acusándome de haber distorsionado cada segundo de mi vida con actitudes presuntuosamente egoístas. La eternidad me atrapaba en una soledad inmensamente silenciosa, llena de gritos sordos como estallidos de desesperación que me increpaban por qué no había actuado correctamente; por qué había abandonado el compromiso esencial que todo ser vivo adquiere al nacer de ser todo lo que se puede llegar a ser para afianzar lo mejor que surge en cada instante. Fluir a través de la proporción áurea consistía en aprovechar cada oportunidad para sacar lo mejor de cada posibilidad, recreándose en la búsqueda permanente de una verdad que se reafirme en el bien de cada ser. ¿Cómo había sido yo capaz de no reconocer ese hecho? ¿Por qué había traicionado con mi comportamiento aquella obviedad?

La muerte se reúne con la vida en la trayectoria de la espiral áurea, forma parte de un tipo de operación matemática que desvela la verdadera naturaleza de todo lo que hay. La muerte rehace la consistencia de la vida redefiniendo todos sus valores. La muerte hace de la mayoría de los miedos, de los mitos y de las creencias, simples supersticiones grotescas que muestran la incertidumbre en la que se forja la debilidad de la naturaleza humana. Sin embargo, en esta operación en la que la vida adquiere sentido completo a través de la muerte, la muerte no es esencialmente el fin de la vida, la muerte representa un impulso, una reafirmación de la vida, enfatizando su naturaleza efímera, exclusiva e irrepetible.

La presencia de la muerte me había situado ante mi verdadera identidad aislándome de todo en un infinito tan devastador como elocuente. En ese instante ya no podía sentir nada, me ahogaba en una emoción que me alejaba de mí mismo y me impedía pensar. Simplemente me percibía como algo a punto de desaparecer que se perdía en el silencio más absoluto. Y fue en el fluir de aquel silencio en el que presencié el fenómeno más hermoso ante el que yo me he enfrentado a lo largo de toda mi existencia. Aquel silencio hizo que advirtiera una levísima alteración, a la que, después de una pausa, siguió otra, e instantes después se volvió a reproducir. Estaba ante la música más bella que puede oírse, estaba ante el comienzo de un nuevo trazo de la espiral áurea que me transportaba al corazón del universo. Lo que estaba oyendo era el latido del cosmos. La medida del tiempo. Eran las instancias numéricas más simples organizadas musicalmente. Aquel latido casi imperceptible reavivó el mío y me hizo reconocer la simplicidad y armonía de la impresionante complejidad matemática en que se resuelven la simetría y reciprocidad entre la vida y la muerte.

Después, noté cómo aquellas motas de polvo que daban forma al cosmos, que se reflejaba sobre el suelo de la cámara de la cripta, justo debajo de la cúpula, iban devolviéndonos la forma corporal a los cinco integrantes del rito. Aquellas motas de polvo dorado eran en realidad números físicos elementales, como una especie de átomos. Esta vez, aquellas motas reconstruyeron nuestra imagen en sentido inverso, de la cabeza a los pies.

De la misma forma que Netzsaj había unido nuestras manos las desunió, y de igual manera que el saludo pitagórico representó la fórmula de encuentro entre aquellos cuatro seres cubiertos por los hábitos de color cenizo y nosotros, aquel saludo supuso la despedida entre nosotros y ellos, se marcharon exactamente igual que habían aparecido, a través de los pasillos sepulcrales arqueados.

Aquel rito me transformó. Independientemente de que todo lo que experimenté en la cámara de la cripta fuera consecuencia de alguna droga o alucinógeno, como la taxina, o de la capacidad de Netzsaj para producir trucos conectados con el mentalismo, lo cierto es que, desde aquel día, poseo una habilidad para comprender, aprender y actuar como nunca la había tenido antes. Fue como si aquel rito intensificara la efectividad de mis capacidades. O, tal vez, sólo fue la fuerza que yo adquirí al sentir interés real por todo lo que ocurría en el universo, especialmente por llevar a cabo el compromiso que había adquirido de influir en la historia de la humanidad afianzando el trazo de la espiral áurea.

En los meses que siguieron a aquel suceso aprendí al lado de Netzsaj más de lo que había aprendido antes en toda mi vida. El ocho era el número que identificaba a Netzsaj, que en la tradición pitagórica se conectaba con el símbolo de la amistad, la plenitud y la reflexión.

Capítulo 8

Temprano, el veintiocho de octubre, día que la liturgia católica dedica a San Judas Tadeo, el día de mi cumpleaños, fui a realizar algunas compras a Edimburgo. Bajaba andando por la calle Cockburn, rodeado de la gente y los ruidos que a esas horas ya suelen acompañar a un lugar tan transitado como este, iba algo ensimismado, pensando en todo lo que me había propuesto hacer en unas dos o tres horas, estaba al lado del Café Marina. Siempre que paso por allí, me viene a la memoria la frase "un altro mondo", otro mundo, una expresión que tienen escrita, como publicidad, en la barrera que protege la mesa con dos sillas que se encuentra en el exterior de esa cafetería italiana. Se trata de un local pequeño con una fachada pintada en color verde azulado opaco, que lucha por reivindicar su existencia y llamar la atención de los transeúntes, compitiendo contra los colores y la decoración de los otros pequeños locales comerciales, que se apiñan en fila a lo largo de la calle Cockburn. Sin esperarlo, dándome un pequeño sobresalto, por detrás de mí, alguien me puso la mano sobre el hombro izquierdo y dijo el nombre que yo había adoptado en mi regreso al Reino Unido: Paul Smith.

Cuando me volví, al principio, no reconocí a aquel hombre que me saludaba con una gran sonrisa y me ofrecía su mano para estrechar la mía, mostrando su satisfacción al verme; pero, pocos instantes después de oír sus primeras palabras, empecé a darme cuenta de quién era. Sorprendentemente se trataba de la persona que conocí al salir del teatro aquel día lluvioso en Londres, era Judas Álvarez, que me dijo en su castellano de acento británico:

-¡Qué sorpresa volverte a ver! Ya han pasado varios meses desde que nos tomamos aquellos cafés en Londres. Mi tienda de arte y antigüedades está a unos pocos metros adelante, en esta misma acera. Estaba dentro del Café Marina y te he visto, y te he reconocido al instante. ¿Vienes a hacerme una visita o ha sido una simple casualidad el que nos volvamos a encontrar?

Le respondí con una frase que él usó cuando nos conocimos aquella tarde lluviosa al salir de la sala de teatro experimental The Lost Finger:

-Recuerda, "las casualidades son señales que dan paso al destino".

A lo que él reaccionó con una carcajada, e invitándome a entrar en la cafetería de la que había salido; después, me mostró su tienda y quedamos para que, en otra ocasión, me enseñara las obras de arte que se esconden en algunos cementerios de Edimburgo.

La tienda de antigüedades de Judas Álvarez en Cockburn tenía una pequeña fachada en un color negro de tonalidad parda, decorada como si fuera la parte frontal de una casita antigua de cuento, con una puerta de madera envejecida sobre la que llamaba la atención un picaporte dorado con forma de mano que sostenía una bola, y una cerradura antigua. El escaparate imitaba una ventana parcialmente cubierta por unos visillos bordados de una seda verde casi trasparente, donde se exhibían algunas piezas atractivas para los transeúntes habituales y los turistas. El interior era un espacio amplio, que se prolongaba hacia una planta superior y un sótano.

Nada más entrar allí tuve la sensación de que aquel lugar era especial, noté un olor azafranado, una luz tenue y una disposición de aquellos objetos colocados en vitrinas que invitaban a relajarse y admirar con tranquilidad la belleza melancólica y decadente que envolvía aquellas antigüedades. Había relojes, esculturas, objetos religiosos, libros, diarios, joyas y un sinfín de piezas capaces, cada una de ellas, de atraer a quien las contemplara hacia el universo perdido de la historia oculta que las identificaba.

En una de las vitrinas que Judas Álvarez me mostró descubrí un anillo que me llamó la atención. Era un anillo de oro con las iniciales HLW unidas por una cruz templaria, con dos pequeños diamantes en los extremos, uno en un tono grisáceo y el otro con un color que desprendía un brillo rojizo, como el del fuego. Reconocí esa imagen porque era similar a la que aparecía bordada sobre el estuche de piel del libro de oraciones de Henry Lon Walthall

De inmediato, pregunté a Judas Álvarez quién le había vendido aquel anillo y qué significaban aquellas iniciales unidas a la cruz. En ese momento, Judas hizo un gesto como si acabara de recordar algo que había olvidado, y me comentó que aquel anillo se lo había vendido un anciano que le había visitado varias veces a lo largo de los últimos años.

A continuación, abrió el cajón de uno de los mostradores, extrajo un cuaderno y, después de pasar unas cuantas páginas, encontró lo que buscaba. Me dijo que aquel anciano se llamaba Henry Lon Walthall, nombre que correspondía con las tres iniciales, y que la cruz se trataba de una cruz templaria, que indicaba la conexión de aquel hombre con alguna de las órdenes o grupos que se congregaban identificándose con ese tipo de símbolos.

Luego, según parecía que iba recordando más detalles del momento en el que adquirió el anillo, me contó que Henry Lon Walthall le vendió el anillo a los pocos días de que Judas Álvarez y yo nos encontráramos en Londres, y que Henry, en esa ocasión, le dijo que pensaba dirigirse a Southampton; entonces, Judas le comentó que tenía un conocido que se llamaba Paul Smith residiendo en esa ciudad. Seguidamente, según recordaba Judas Álvarez, aquel anciano sacó un librito de uno de los bolsillos interiores de su abrigo y le pidió que le repitiera el nombre de su amigo, para escribirlo con la intención de tenerlo a mano y aprovecharlo, si surgía la ocasión. Es más, Judas Álvarez añadió con una mirada y sonrisa pícaras que, después de que Henry Lon Walthall escribiera el nombre de Paul Smith en aquel librito y lo guardara en el interior de su abrigo, el anciano dijo que, en caso de que llegara a conocer al tal Paul Smith, le encargaría recuperar el anillo para devolvérselo.

Fue entonces cuando comprendí por qué Henry Lon Walthall había escrito en el margen de una de las páginas de su libro de oraciones el nombre de Judas Álvarez, que era mi nombre real y, casualmente, también el del anticuario que le había comprado el anillo, conectándolo con una flecha con el nombre que adopté al regresar al Reino Unido, Paul Smith, que era el que yo le había dado al hombre que en ese momento tenía enfrente de mi cuando nos conocimos en Londres. Aquella explicación racional me produjo una sensación de alivio, haciendo que se esfumara una duda que me incomodaba, que me empujaba a imaginarme posibles hipótesis que me confundían e intranquilizaban por escapar a toda lógica.

Compré aquel anillo, no para devolvérselo a Henry, que había sido asesinado por las hermanas Brown, sino como regalo por mi cumpleaños.

Esta segunda vez que me encontré con Judas Álvarez, no fui capaz de reconocer el parecido físico que tenía conmigo, que creí ver cuando nos vimos en Londres. Sin lugar a dudas, eran bastantes las casualidades que nos unían: apariencia general, edad y origen cultural similares, además del mismo nombre, que no es nada común.

Cuando le comenté que en aquel momento residía en la casa de Netzsaj, me dijo que había estado allí, que había conocido a Judas Tadeo Álvarez y le había vendido algún mueble y alguna de sus antigüedades, y que de él, precisamente, había aprendido aquella frase de que las casualidades son señales que dan paso al destino. Me confesó que, de hecho, mi parecido físico a Judas Tadeo fue lo que le movió a querer conocerme y a hablar conmigo cuando nos encontramos fortuitamente al salir del teatro aquel día lluvioso. Él sabía que Tadeo había muerto, pero, pese a que yo me parecía a Tadeo como si fuera su misma fotografía, no creyó que tenía nada que ver conmigo, pensó que se trataba de una simple casualidad sorprendente, y prefirió no mencionarme nada al respecto.

Cuando comprobé que realmente Judas Álvarez me había entregado el libro que yo conservaba, titulado *Criptas y arte funerario en España*; que había escrito su dirección de la calle Cockburn en él; que aquella dirección no correspondía con la que yo recordaba, y que reescribí sobre sus letras desfiguradas por la humedad la dirección que me llevó hasta Netzsaj; cuando descubrí que la imagen que yo guardaba de quien conocí aquel día lluvioso en Londres no correspondía exactamente con la persona con quien había estado, sino con la de mi hermano Judas Tadeo, entonces, empecé a plantearme que podía haber algo de cierto en todo lo que Netzsaj me había contado sobre la posibilidad de que el espíritu de Tadeo se sirvió del libro y de Judas Álvarez para comunicarse conmigo.

Capítulo 9

Hasta aquella noche de finales de octubre no fui consciente de lo mucho que había cambiado todo para mí en tan poco tiempo.

De lo que me había ocurrido durante los últimos meses, existían dos hechos que valoraba especialmente. Uno estaba relacionado con el día que Netzsaj me dijo que necesitaba mi ayuda para realizar unos trámites pendientes conectados con la empresa que Tadeo dirigía antes de fallecer. Ese día, me comentó que la empresa de arte que mantuvo Judas Tadeo durante los últimos años de su vida sólo fue una forma de entablar comunicación con importantes redes de la mafia y el crimen de todo el mundo. Aquella empresa era, en realidad, un reducto para el blanqueo de dinero. Desde allí, y con otros medios, habían entrado en contacto con bancos, banqueros y números de cuenta en los que se refugiaban inmensas fortunas de capital no declarable, de dinero oculto fruto del robo y el crimen.

En realidad el negocio que Judas Tadeo y Netzsaj habían organizado consistía en un sistema de redes de virus informáticos capaces de rastrear las transferencias e ingresos conectados con operaciones bancarias de blanqueo de capital, que sustraían aquel dinero a través de operaciones fantasma que traspasaban aquellas fortunas millonarias a otras cuentas, que se transformaban continuamente de número de cuenta convirtiéndose en verdaderos búnkers virtuales, accesibles sólo para el creador del programa informático, que accedía a aquel dinero de forma rápida y anónima.

Netzsaj me señaló que aquel programa era una simple cuestión de matemáticas aplicadas a la informática. En ese momento, sin pensarlo, le reproché que parte de su riqueza se apoyara en dinero que procedía del robo y el crimen. Le comenté:

-Pero Netzsaj, entonces, si el dinero que manejas es fruto del robo y el crimen y, además, lo consigues robando, en cierto modo, ¿no te conviertes en un criminal, en un colaborador del mal? No sé, creo que enriquecerse con ese dinero no es ético.

Me respondió:

-Leucónoe, en primer lugar, dime, qué es un comportamiento éticamente correcto sino actuar conforme a lo que nuestra conciencia nos dice que es lo más adecuado, esto es, hacer lo que esta bien, no con propósitos egoístas o irracionales, claro; sino, actuar buscando el bien bajo un criterio racional, libre, crítico y basado en el respeto a la dignidad de todos los seres humanos. –Ante esa idea yo le contesté:

-Netzsaj no me negarás que robar dinero de cuentas bancarias ajenas, aunque sea de criminales, no es lo más correcto. –Él continuó la conversación añadiendo:

-Mi querido Leucónoe, los valores éticos, como la justicia, el respeto o el propio bien, y los principios éticos, como:

"trata a los demás como te gustaría que actuaran contigo en una situación similar" o "actúa siempre procurando hacer el menor mal posible o el mayor bien a tu alcance", representan una suerte de ideales que los individuos hacen reales en la medida que luchan por conseguirlos.

Por otra parte, tal vez esté equivocado, pero creo que quitar dinero a los criminales es quitarles poder y si ese poder se revierte en promover más justicia, no resulta tan mal la operación. A fin de cuentas, es una cuestión de números. Además, tengo que decirte que nuestro dinero no me hace rico, pues la austeridad es uno de los principios a los que me sujeta mi vinculación con los Versos de Oro. Yo diría que, desde una perspectiva ética, lo que me enriquece es la capacidad de extraer el bien de todo lo que me rodea, aprovechando de la mejor manera mis posibilidades, convirtiendo cada instante en una ocasión propicia. Y entre todas las ocasiones que se debieran aprovechar, la primera debiera ser la de transformar las causas que producen el mal, poniendo los medios que afiancen el bien. En este caso, considero que se debe aplicar el consejo que te señalé el primer día que nos vimos: "Finis coronat opus", El fin justifica lo que haces. Aunque en otras circunstancias este principio ni sea válido ni correcto.

El otro hecho importante que debo recordar está relacionado con una conversación que tuve con Netzsaj cuando yo le confesé que había vuelto al Reino Unido con una identidad falsa para escapar de alguien, no sabía exactamente de quién, que había intentado matarme. Él me presentó esta idea que se prolongó en una conversación que nunca olvidaré. Me dijo:

-Leucónoe, si realmente deseas vivir debes estar dispuesto a morir en cada instante, ¿sabes qué significan esas palabras? El trazo de la espiral logarítmica que ya impulsas exige superar el chantaje de la seguridad y el miedo en que se basan los pilares del gran edificio que hoy llamamos sociedades contemporáneas, cultura de masas, periodo de globalización o como los sociólogos o analistas quieran denominarlo.

En ese momento, yo le pedí que me explicara con más detenimiento a qué se refería. Y él continuó exponiéndome lo siguiente:

-Leucónoe, la población del mundo en las sociedades contemporáneas está sometida a formas de control y manipulación que nos deshumanizan, que nos convierten en objetos de uso, en simples mercancías, y nos hacen olvidar el valor inalienable de nuestra existencia, nuestra dignidad, impulsando una interpretación que distorsiona el compromiso histórico de cada individuo consigo mismo y con el cosmos.

En la actualidad, los ciudadanos de todos los países asumen la visión de la realidad que les ofrecen las culturas en que están inmersos. Estas culturas afianzan sus cimientos en el miedo de la población. Los ciudadanos crecen y acaban identificándose y formando parte de una sociedad y cultura que les mantiene bajo el vértigo constante del miedo a que una catástrofe inminente puede truncar su destino. Esta proyección de miedo en la percepción de la realidad comienza en la familia y la escuela, pero se extiende en las relaciones sucesivas de socialización con las amistades, el trabajo y otros ámbitos de relación. Los medios de comunicación de masas que nos informan de cuál es la realidad cotidiana, de qué pasa en el mundo y cómo es la realidad de la que formamos parte, desempeñan un factor clave en este proceso.

Existe un estado de temor permanente que impregna todas las ramas que florecen en las culturas, el lenguaje, las leyes, el arte, la educación, las religiones, la ciencia, el comercio o la política, todo se cubre de su sombra.

Este estado de temor permanente que se difunde por doquier nos recuerda que en cualquier momento podemos ser víctimas. Tenemos miedo ante la amenaza continua de los accidentes de tráfico o de cualquier otro medio de transporte; miedo ante las sucesivas alarmas que amenazan la salud de la población mundial, con gripes o pandemias de todo tipo; temor constante ante la amenaza terrorista; ante catástrofes naturales, nucleares o ecológicas; miedo ante los extranjeros, los adversarios políticos, la libertad, la disolución de la familia, las guerras atómicas; temor ante la crisis económica, la falta de trabajo, a caer en la pobreza o la miseria... Y una larga letanía de miedos que se suma a los anteriores, que nos hace sentir permanentemente amenazados, que nos convierte en víctimas no sólo de nuestros miedos, sino de la búsqueda de una seguridad que nos traiciona.

Las culturas contemporáneas globalizadas, culturas de consumo, nos convierten en consumidores de miedos con el objetivo de que sintamos la necesidad de consumir productos que nos den seguridad, que aminoren la angustia que acompaña al miedo. La oferta de seguridad se nos presenta en los seguros de vida, de viviendas, de coches...; en las cuentas de ahorro, en las pautas directivas de los bancos nacionales y mundiales; en las pensiones de todo tipo, en la Seguridad Social; en la protección civil y las ONGD; en las cárceles, en la inversión en armamentos, en ejércitos y coaliciones internacionales; en la subordinación de la política a las pautas económicas internacionales que aseguran la estabilidad; en la necesidad de formarse y "reciclarse" desde que se nace hasta bien entrada la vejez, "para asegurarse un futuro"... Todo eso y mucho más. Sin embargo, caemos en la paradoja de que, a medida que nos rodeamos de más seguridad, más se fortalecen nuestros miedos.

La seguridad ha pasado a convertirse en un mito más, junto a otros que presiden la mentalidad actual de nuestras culturas de la globalización. Pero ¿por qué las culturas actuales se reafirman en una dinámica que constituye en sí misma una trampa? ¿Será porque la socialización del miedo consolida los poderes y la mentalidad establecida que alimenta esos miedos y vende esa seguridad? ¿Será que ese tipo de miedo y ese tipo de seguridad están relacionados con la existencia y permanencia del tipo de poderes que lidera el mundo en la actualidad, y lo ha hecho durante siglos?

Leucónoe piensa, ¿qué otras contradicciones sostienen las sociedades actuales?, ¿qué trampas construimos nosotros mismos y nos negamos a reconocer, arropándonos en discursos paternalistas de quienes lideran la marcha de nuestra cultura universal y global, que unifica a todos los países y a todos los ciudadanos bajo un mismo común denominador?

Leucónoe, ¿no será necesario que la espiral logarítmica corrija un devenir histórico que hace perder a la población su humanidad, que hace del propio relato histórico una trampa perversa que condena inevitablemente al sufrimiento a una parte considerable de la población, y la otra parte la sentencia a aceptarlo, a adaptarse a esa situación, despojándola de toda esperanza, negando su capacidad de transformar su circunstancia a la vez que se recrea a sí misma, esto es negando su libertad?

Los medios de comunicación de masas y el proceso de socialización en el que se encuentran inmersos y con el que colaboran, a través del cual todos nosotros nos acabamos identificando con la cultura a la que pertenecemos, nos diseñan una historia que vuelca el presente en un mundo que debe concienciarse y adaptarse a un futuro indigno, deshumanizado. Leucónoe, no te resignes ante este destino diseñado de forma perversa, afianza el futuro que comienza en el preciso instante en que vivimos en la confianza en ti mismo, aprovecha las posibilidades que te otorga trazar la espiral logarítmica para impulsar un porvenir que busque consolidar el bien, un bien que nos exige luchar para que se extienda al mayor número de personas posible, con el objetivo de que alcance a todas.

Capítulo 10

A finales de diciembre la policía española se puso en contacto conmigo a través de una llamada de teléfono, para comunicarme que habían encarcelado a un individuo que declaraba ser el autor de las amenazas que yo había sufrido en Madrid y del macabro asesinato de uno de los inquilinos que compartió conmigo un piso durante el tiempo que viví en la zona de Atocha. Pensaban que aquel hombre era el criminal que decía ser. Se hacía llamar Mordad, aunque su nombre real era Carlos Aljóvid. Era oriundo de Nicaragua, pero residía en Madrid desde hacía varios años y era el líder de una organización llamada Asociación Biologosófica Española, que tenía bastantes rasgos en común con la ACFI. Este hombre había descrito con exactitud datos sobre el asesinato y las amenazas que le inculpaban. La policía me notificó que debía presentarme en dos días en Madrid, para reconocer al criminal y colaborar con la investigación en lo que fuera necesario.

Tomé un vuelo desde Londres a Madrid, y me presenté puntual en la comisaría en la que me habían citado, a las diez horas del día veintiocho de diciembre, el día de los Santos Inocentes. Después de explicarme amablemente los datos que consideraron oportunos para informarme sobre lo que me afectaba respecto al caso, añadieron que el asesino había solicitado hablar conmigo en la mañana de aquel día, y había amenazado con que morirían esa misma noche más personas, si yo no aceptaba hablar con él por la mañana.

Dos agentes me acompañaron a la prisión donde el supuesto asesino estaba encarcelado. Yo accedí a hablar con él porque tenía interés en conocerlo, en comprobar qué lo movía a querer hacerme daño. Me interesaba saber por qué me había elegido a mí entre sus objetivos. La policía me había dado un micrófono y grabaría todo lo que habláramos.

Cuando nos aproximábamos a la puerta de la prisión, veía que se trataba de un edificio moderno de dimensiones monstruosas, construido con una estructura geométrica muy simple y opresiva. El centro penitenciario estaba situado en medio de una zona árida, deshabitada en unos pocos kilómetros a la redonda, cercado por diversos muros de color gris.

No sé bien por qué, pero según pasábamos los diferentes controles que nos llevaban al interior de aquel lugar, sentí cierto abatimiento, como un vuelco de desánimo o desolación repentina. Los agentes me comentaron que podía ser un bajón de tensión y pronto me llevaron un vaso con café, que sacaron de una de las máquinas expendedoras que había en el hall de la entrada. El café me ayudó a reponerme, pero lo que realmente provocó aquel pequeño desfallecimiento fue la desolación que sentí o, tal vez, el miedo o la inseguridad de poder estar a la altura de superar las emociones contradictorias que aquel lugar me provocaba. Me enfrentaba a una situación difícil si quería extraer alguna respuesta positiva coherente, capaz de superar la enorme trama de incongruencias, agresividad, mentiras, culpa, odio, sufrimiento, egoísmo, incomprensión y dificultades que arrastraban las vidas de los criminales que allí estaban encarcelados.

Cuando ya me sentía mejor, un funcionario de aquella prisión me acompañó a la sala de comunicaciones. Era un pasillo alargado desde el que se accedía a una hilera de cabinas adosadas, construidas de material transparente como el cristal, con puertas de marcos rojos. Después, aquel funcionario me dirigió hacia una de aquellas cabinas, me pidió que me sentara y me dijo que debía esperar a que llegara el prisionero. Comentó que cuando yo lo deseara, sólo tenía que levantarme y llamarle, él iba a estar observando desde uno de los extremos del pasillo, fuera de la cabina.

A los cinco minutos, un hombre alto, moreno, calvo, de ojos grandes y negros entró en la cabina que se comunicaba con la mía, situada justo enfrente. Al verle llegar, yo me levanté y esperé para sentarme hasta que él hiciera lo mismo.

Según entraba, se giró ligeramente, dándome la espalda durante unos instantes, para cerrar la puerta trasparente por la que había entrado; de nuevo, se volvió y me miró con seriedad, directamente a los ojos, sin decir nada. Así, permaneció unos segundos hasta que se sentó. Tuve la impresión de que no había visto a aquel hombre en mi vida. Permanecí en silencio y de pie hasta que él se sentó. Luego, también me senté y cruce los brazos, esperando a que él iniciara la conversación. A continuación, pude comprobar que varias veces fijó su vista en el anillo de Henry Lon Walthall que yo llevaba puesto en mi mano derecha.

Aquel hombre respiró hondo y mirándome fijamente a los ojos, dijo:

-Sabía que vendrías, hoy es el día de los Santos Inocentes, esa era la contraseña que necesitabas para acudir a mi llamada, ¿no es así?

Yo no le respondí, pues lo que acababa de decir me pilló tan de sorpresa que me dejó un tanto confuso. A pesar de todo, continuó diciéndome:

-Sé quién eres, aunque tú seas incapaz de reconocerlo. Ayúdame a demostrártelo. Dime, sin pensarlo, una forma geométrica con la que te identifiques.

-El pentágono con una estrella de cinco brazos inscrita. -Respondí yo, pensando en el pentágono áureo pitagórico, entrando en esa especie de juego que había establecido para comunicarnos. Después, volvió a mirar fijamente al anillo de Henry Lon Walthall, que yo llevaba puesto y, sin perder aquel gesto serio, preguntó:

-¿Qué significa ese anillo que llevas?

Yo, miré al anillo y comenté:

-Nada, simplemente, es el recuerdo de un amigo.

Pero aquel hombre, sin parpadear dijo:

-Yo te voy a revelar un secreto que tú mismo no quieres reconocer. Ese anillo, como el pentágono y la estrella, son símbolos de tu identidad. Uno de tus nombres es Ahriman, otro, Anagra Mainyu. Los diamantes que lleva ese anillo exhiben el color del humo y el color del fuego unidos al poder, representado por el diamante incrustado en un anillo de oro, como si fuera una pequeña serpiente que te sostiene por el dedo haciéndote suyo, al tiempo que se entrega a ti. Tus nombres son formas de llamar a la fuerza que impulsa el mal, y tus símbolos son imágenes que representan el mal que pretende dominar la tierra.

-Todo lo que usted dice es, sencillamente, una locura. Quien no quiere reconocer quién soy yo es usted. Mi nombre es Judas Álvarez, soy actor. No creo en ningún tipo de demonio, ni cosa parecida. Lo que sí pienso es que, a menos que usted esté haciendo de actor en este momento, necesita un psiquiatra, porque es incapaz de distinguir entre la realidad y lo que es, simple y llanamente, pura imaginación, mentira, superstición, o como se quiera llamar. Y lo que es peor, esa locura le ha llevado a hacer daño y a matar a personas. ¿Se da cuenta de lo que digo? –Le respondí yo.

Durante unos segundos no pronunció una palabra. Me miraba fijamente a los ojos, como si deseara que yo dijera algo, pero no abrí la boca hasta que el habló de nuevo para decirme:

-Aquel chico que maté fue un chivo expiatorio, un inocente que cargaba con las culpas, un elemento necesario dentro del rito que consistía en atraer tu atención. Aquella muerte no fue más que un sacrificio en tu nombre. Pero yo soy algo más que otro santo inocente, que otro chivo expiatorio, que debe sacrificarse para atraer tu atención. Yo, además de víctima propiciatoria, soy sacerdote, y tengo el poder de imponerte el ritual sagrado que te devolverá al mundo al que perteneces, al infierno.

Yo estaba estupefacto, pasmado, ante todo lo que me estaba contando; pero sentía que debía responderle con calma y con toda sinceridad, y le dije:

-Escuche, aunque no me pueda creer, yo soy una persona normal y corriente. No deseo que nadie haga daño a nadie en mi nombre. Todo lo contrario. Para mí sólo hay una manera correcta de comportarse, y esa es intentar hacer el bien lo mejor que se pueda. Y, creo que, para actuar correctamente hay que asumir el compromiso ético de actuar con los demás igual que me gustaría que los demás actuaran conmigo, si yo estuviera en la misma situación que ellos. Para hacer el bien, hay que apoyarse en comportamientos racionales, que superen todo tipo de egoísmos y dificultades, y nos hagan sacar lo mejor de nosotros mismos para promover nuestra felicidad y la del resto de personas.

Escuche, lo que realmente encarna el mal y lo personifica es que haya gente que mate o impida vivir a los demás libremente. Mire, todo ese cuento de ritos, símbolos, asociaciones cosmobiosóficas y demás, es pura superstición, y la superstición no es más que una trampa tejida a base de mentira, miedos y locura.

Mientras yo hablaba él me miraba fijamente, sin alterarse, con calma, y antes de responderme, siempre meditaba lo que me iba a decir durante unos segundos.

Para terminar, me dijo:

-Te escondes detrás de ese discurso de la ética, como lo hacen tantos políticos e instituciones poderosas que están a tu servicio. Te disfrazas con el nombre de la ética y apelas al bien y lo correcto al mismo tiempo que instauras las estructuras y los medios para el mal. A los demás los puedes engañar, pero no a mí. Yo veo donde los demás no alcanzan a ver; yo reconozco y juzgo, donde los otros no pueden hacerlo, porque yo represento a una fuerza encargada de devolverte al mundo infernal en el que debes estar confinado, para hacer que se cumpla lo que ya está escrito.

Sabes que hay otra víctima propiciatoria que te espera, otro chivo expiatorio, otro santo inocente que morirá en tu nombre y no puedes dejar de asistir a ese sacrificio, porque así está dispuesto por mí en la liturgia del ritual que he organizado, siguiendo las pautas que fuerzas más poderosas que tú establecieron para recluirte.

La sangre de la víctima propiciatoria que te espera empezará a derramarse a las catorce horas, justo dentro de una hora y cuarenta y cinco minutos. Sabes que debes asistir sólo, cualquier persona que te viera en el trance del rito descubrirá tu aspecto no humano. Si te acompaña la policía, el primero en ser descubierto serás tú, pues ante la víctima mostrarás tu verdadera naturaleza. Allí recogerás la sangre que te marcarán los anillos concéntricos de las puertas del infierno. No puedes negarte, tu destino ya está escrito y este ritual es el instrumento que te encadena a tu destino.

Para llegar allí, tienes que dirigirte a Robredón, donde te espera la víctima. Se trata de un pueblo abandonado en la ribera del Guadarrama. Necesitas tomar la carretera que te lleva desde aquí a Toledo, desviarte hacia un pueblo llamado Yuncos, y allí tomar un camino que sale del pueblo hacia el río Guadarrama. Al lado del río está Robredón. Dirígete a la sacristía de su iglesia.

Después de decir esto, me miró fijamente mostrando un gesto severo en el semblante durante unos segundos; después, se levantó y, abriendo la puerta, hizo una señal al funcionario de prisiones que cuidaba aquella zona de la sala. Éste se acercó y, sin decir nada, lo acompañó, marchándose por el mismo lugar que hacía unos minutos habían venido.

La policía había oído toda la conversación. Al salir de la cabina los policías que me habían acompañado a aquella prisión, me ayudaron a conseguir un coche que pertenecía a uno de los funcionarios de prisiones. Ellos mismos me iban a acompañar ocultos en la parte de atrás del coche. Además, se dispuso preparar una unidad especial con un helicóptero, que se situaría próxima al lugar indicado por aquel hombre, con el fin de utilizarla en caso de emergencia.

Quince minutos antes de las dos, ya estaba conduciendo por un camino casi inexistente, deshecho por la falta de uso, la erosión y por el deseo de la naturaleza de recuperar lo que el hombre le ha robado cubriendo el sendero de hierbas y pequeños arbustos. El terreno árido iba cambiando a más verde según nos acercábamos al río. Cuando divisé las ruinas del campanario y de algunas de las casas más altas de aquel pueblo, avisé a los dos policías que estaban escondidos, agachados y cubiertos por una manta en los asientos traseros del coche.

Aparqué justo al lado de lo que fue la iglesia de aquel pueblo, salí del coche dejando la puerta abierta. Hacía un frío intenso. Miré el reloj, eran las dos menos cinco; después, eché un vistazo al paisaje que me rodeaba, y sentí un escalofrío que me hizo experimentar desasosiego e inseguridad. Tuve la impresión de que algo me observaba oculto entre aquellas ruinas impregnadas de soledad, entre casas con tejados hundidos, paredes de adobe a punto de caerse y calles solitarias ahogadas en un olvido trágico y gris.

Como teníamos planeado, yo debía ir a la sacristía; y una vez allí, pediría ayuda a los policías, que permanecerían ocultos en el coche hasta que yo los llamara o ellos pensaran que debían actuar para socorrer a quien hiciera falta.

Tratando de no tropezar con los escombros, entré dentro del recinto de la iglesia. Los restos del templo conservaban una belleza especial, un halo de grandeza, misterio y muerte que me recordaba que aquel espacio había estado unido a lo sagrado, a lo que está oculto y nos conecta con el mundo de lo sobrenatural. Pasé a través de un pórtico semidestruido que conservaba algún resto de madera de lo que fue la puerta, ahora deshecha y esparcida en trozos por el suelo. El tejado estaba parcialmente derrumbado por el centro, dejando a cielo descubierto la nave central, pero lo que fueran las dos naves laterales permanecían cubiertas por un techo lleno de huecos y grietas, que dejaba ver trocitos de cielo junto a vigas de madera partidas, podridas, que avisaban de un derrumbe total e inminente. Gran parte de los muros construidos con sillares de piedra aguantaban de pie casi en su totalidad, dejando ver el rastro tétrico y desolador de ventanas rotas y arcos incrustados en la pared semihundidos, que eran señal inequívoca de la desolación agónica que acompañaba a la muerte de aquellas ruinas.

Al acercarme a la zona en la que estuvo situado el altar, percibí un olor a gasolina, que venía de una puertecilla ligeramente abierta que, pese a estar parcialmente rota, seguía allí guardando el acceso a lo que en su momento debió cumplir la función de sacristía.

Me aproximé lentamente, intentando no hacer ruido. Cuando llegué a la puertecilla me paré unos instantes y sentí un olor tremendo a gasolina que salía con fuerza por el pequeño espacio entreabierto que dejaba libre la puerta. Podía oír con claridad el sonido de una respiración angustiada que inhalaba y exhalaba con rapidez, con agitación y con la desesperación de quien se asfixia al respirar. Sentí un vértigo enorme y un miedo que, una vez más, me paralizaba. Percibía la necesidad de salir de allí deprisa ante una desgracia inminente, ante un peligro que se abalanzaba sobre mí en ese preciso momento; pero, en lugar de retroceder, empuje suavemente la puerta para abrirla y descubrí una imagen salvajemente aterradora.

En un pequeño cuarto de planta circular, sin más puerta que aquella que acababa de abrir, iluminado por dos ventanas estrechas y alargadas, sin cristal, y por la luz que penetraba por los agujeros del tejado, había una mujer vestida de negro con las palmas de las manos rajadas, en carnes vivas, totalmente ensangrentadas. En el suelo, dibujadas de forma concéntrica, siguiendo la propia estructura de la pared, había tres circunferencias realizadas con sangre, con la sangre de las manos de aquella mujer, que posiblemente habría arrastrado por el suelo hasta dejar aquellas señales. Y alrededor de cada circunferencia de sangre había otra paralela que debía ser de gasolina. El olor a gasolina era tan asfixiante que apenas se podía soportar.

La mujer, que se encontraba de rodillas en el centro de las circunferencias, tenía una vela encendida apoyada en una palmatoria de metal llena de sangre; estaba demacrada, totalmente pálida y su rostro mostraba una expresión desencajada de terror.

En aquel instante, sentí un miedo nauseabundo y una pena inmensa hacia aquel ser que temblaba postrado y ensangrentado sobre el suelo; pero, cuando la mujer miró hacia la puerta y me vio, y su mirada se encontró con la mía, entonces, reconocí en aquella mujer a Sara. Ella al verme empezó a gritar despavorida, como si se enfrentara al mismo diablo. Temblando de terror, acercó la vela encendida al suelo, poniendo en contacto la llama de la vela con una de las circunferencias hechas con gasolina.

Todo empezó a arder, yo gritaba el nombre de Sara al tiempo que veía como ella se desmayaba y su cuerpo caía al suelo cubierto de llamas. Sin dejar de gritar, me agaché para recogerla, sintiendo que nuestras ropas comenzaban a arder y el fuego nos envolvía. Oí un chasquido fuerte que se produjo en el tejado y pensé que se iba a desplomar en ese mismo instante. Tan rápido como pude, salí a través de la puertecilla del infierno en el que se habían convertido los restos de aquella sacristía. Llevaba en mis brazos a Sara, y los dos policías que habían permanecido escondidos en el coche, llegaron a nuestro lado corriendo y nos envolvieron rápidamente en mantas que traían, para sofocar el fuego que quemaba nuestra ropa y zapatos. A los pocos minutos, un helicóptero nos transportó a un hospital de Madrid.

Sara estuvo hospitalizada varias semanas con quemaduras graves en la cara y gran parte del cuerpo. Durante ese período de rehabilitación no pronunció ni una sola palabra. Cuando su madre, que permaneció a su lado todo ese tiempo, o la policía, le preguntaban algo no contestaba, permanecía en silencio distrayendo la mirada hacia algún lugar perdido, ensimismándose de tal manera que parecía que no oía ni era consciente de que alguien estaba a su lado haciéndole preguntas.

Mis quemaduras no fueron importantes, apenas estuve un par de días en el hospital; después, regresé a Escocia, a la casa de Netzsaj.

Capítulo 11

La gran cantidad de trabajo pendiente que me esperaba en Escocia hizo que el recuerdo de los últimos acontecimientos que me volvían a conectar con Sara fuera postergándose, diluyéndose progresivamente en el lugar del olvido de lo que ha dejado de ser importante.

En enero mi interés se concentraba en varios proyectos en los que Netzsaj había solicitado mi intervención. Uno de los más interesantes estaba vinculado con la creación de un periódico digital internacional que recogiera noticias redactadas por los propios internautas, ofreciendo un soporte informativo digital más comprometido con la libertad, que el tradicional representado por los periódicos clásicos, centrados en contenidos informativos cada vez más pobres, previsibles y monopolizados en torno a temas e intereses políticos y económicos.

Este proyecto me exigía revisar diariamente las noticias internacionales y estar en contacto permanente con algunos de los colaboradores y periodistas de otros países involucrados en la misma empresa.

El hervidero de noticias que no dormían en un mundo global como el que se estaba asentando, se parecía más a un mar en continua tempestad que a un universo en calma.

Las noticias internacionales se arremolinaban en torno a hechos que mostraban que nos encontrábamos en un periodo de importantes cambios sociales. Los principales medios de comunicación de masas plasmaban en sus titulares los ecos de revoluciones que reclamaban más democracia, de crisis económicas que desembocaban en un progresivo empobrecimiento social, del incremento de las contradicciones socioculturales de un periodo histórico que ahora exhibía, sin ningún tipo de rubor, su imagen más trágica y desconcertante.

La prensa resaltaba que vivíamos un periodo histórico en el que las Naciones Unidas abanderaban la defensa de más cantidad de derechos humanos; pero, al mismo tiempo, nunca en la historia de la humanidad se había condenado al olvido y la miseria más absoluta a un número tan alto de habitantes o de países. Nadie dudaba de que se disfrutaba del mayor nivel de libertad conseguido hasta entonces, pero nunca la libertad había estado tan debilitada por el miedo a perder el margen de seguridad personal que los ciudadanos creían tener.

No era difícil reconocer aquella situación contradictoria en otros hechos cotidianos, como que la velocidad era uno de los rasgos más característicos del siglo veintiuno, sin embargo, con anterioridad no habíamos sentido con tanta ansiedad que nos faltaba tiempo, que no podíamos dedicar tiempo a los demás. O situaciones de soledad espantosa anidando en el corazón agitado de muchedumbres agolpadas en ciudades.

La prensa exhibía imágenes que reflejaban el crecimiento de una pobreza atroz conviviendo con un derroche espectacular. Imágenes que revelaban progresos científicos y tecnológicos sensacionales acompañando impasibles de la mano a la muerte por inanición de cientos de miles de personas en las zonas más pobres de África, asoladas por la guerra, la sequía y enfermedades como el SIDA. Jamás había existido un desequilibrio tan repugnantemente cruel entre posibilidades para acabar con el dolor ajeno y la pretensión de prolongar ese sufrimiento de forma consciente e, incluso, intencionada por parte de los grandes centros de poder y administración social. Parecía que el desarrollo científico y tecnológico se utilizaba más como instrumento para señalar a los más pobres como culpables de su miseria, que como herramientas para erradicar las causas que producían esa miseria.

Y de toda esta sucesión de acontecimientos desgraciados, lo que más llamaba mi atención no era el hecho en sí de que ocurrieran catástrofes humanitarias terribles, pues eso era algo que había pasado repetidamente en la historia, el último ejemplo lo habíamos tenido en la Segunda Guerra Mundial y en algunas de sus repercusiones posteriores. No, lo que llamaba poderosamente mi atención era que en la población no existiera una respuesta unánime o internacional ante aquellas situaciones concretas que envolvían a millones de personas en torno a dramas funestos como el hambre, la miseria, la enfermedad o la injusticia.

La opinión pública, los medios de comunicación de masas y las instituciones sociales, que debían corregir aquella deshumanización, adoptaban una actitud indolente, que se dejaba llevar por el desánimo, el pesimismo y desinterés, contemplando todos aquellos sucesos como simples espectadores; justificándolos como hechos naturales, inevitables, hasta cierto punto lógicos para el tipo de vida que se había desarrollado durante las primeras décadas del siglo veintiuno. De forma perversa y brutalmente grotesca, algunos de los medios de comunicación de masas más poderosos acusaban a los más gravemente perjudicados por aquella situación calamitosa de ser realmente los culpables de lo que les pasaba. A los más perjudicados e indefensos se les acusaba como los culpables.

¿Qué estaba ocurriendo realmente? Tenía la impresión de que aquellos acontecimientos sociales mostraban que en el último periodo de la historia en el que la humanidad parecía haber logrado su mayor nivel de progreso, también había conseguido su mayor grado de vulnerabilidad. El mismo concepto de ser humano por momentos se desvanecía, se distorsionaba ante el olvido y la indiferencia, ante la falta de reacción y respuesta clara del deber ético de actuar para resolver el sufrimiento de los más débiles, de los más indefensos, de quienes sus vidas dependen por completo del compromiso decidido del resto de seres humanos que pueden ayudarlos.

¿Qué estaba provocando esa falta de respuesta ética?, ¿qué producía ese olvido de la obligación de cada persona a hacer lo correcto, a involucrar en su propio bien el de los demás y a sentir el sufrimiento ajeno como parte del suyo?

Después de llevar meses apartado del teatro, tal vez unido al hecho de que había abandonado el nombre de Paul Smith y había recuperado mi identidad real como Judas Álvarez, inesperadamente, durante las últimas semanas de marzo, me llegaron dos ofertas realmente atractivas. Una en Madrid, conectada con un musical y, la otra en Londres, relacionada con un proyecto muy ambicioso que se iba a presentar a comienzos de otoño, una versión de la obra de

Antón Chéjov, *Tío Vania*, contextualizada en nuestros días. Además, tenía programado con Netzsaj un viaje para comienzos de abril por Asia, con el objetivo de afianzar algunas de las colaboraciones necesarias relacionadas con la publicación del periódico digital internacional. En ningún momento había tenido una agenda tan cargada de compromisos y con tanto correo importante que revisar. Sin embargo, en la primera semana de abril recibí tres correos electrónicos que representaron en sí un hecho tan extraordinario y sorprendente que absorbieron, casi por completo, todo mi interés y atención.

Se trataba de tres correos que procedían de lugares distantes y situaciones diferentes entre sí. Las personas que me los habían mandado eran antiguos amigos que, de una u otra manera, pedían mi colaboración para lo mismo. De forma inaudita, a pesar de que entre ellos ni estaban en contacto, ni posiblemente se conocieran, los tres autores de los correos habían pensado que yo era la persona más indicada en la tierra para ayudarlos a compartir una responsabilidad tan insólita como importante. Los tres pedían mi colaboración para guarecer el hecho más inverosímil y excepcional que habían presenciado en su vida. Por razones obvias, me rogaban que mantuviera en secreto todo lo que me contaban.

En un principio, me resultaba difícil aceptar que, una vez más, la realidad me mostrara su perfil más ambiguo, enseñándome su indisoluble vínculo con un futuro incierto, subordinado al carácter aleatorio y fortuito propio del azar; pero, finalmente, acepté que aquella situación se trataba de una casualidad excepcional, algo que, aunque, a primera vista, puede resultar inverosímil, con el peso de los acontecimientos y las pruebas que la realidad me iba ofreciendo, terminó por demostrar su verdad.

Un mensaje procedía del Paraguay. Me lo había enviado un antiguo compañero de estudios, Robert Walker, que acabó siendo profesor de antropología en la Universidad Autónoma de la Asunción.

La última vez que estuve con él fue durante un viaje que realicé a Paraguay, hace cinco años, en el que él me presentó a nativos del pueblo Guaraní, y me enseñó algunas de las zonas más bellas de la selva del Paraguay. No había vuelto a verle desde entonces, pero seguía en contacto con él a través de los correos que, de vez en cuando, nos mandábamos por Internet.

En aquel mensaje de comienzos de abril me comentaba que, como consecuencia de un terremoto que había hecho temblar la zona del Chaco, dentro de la selva del Paraguay, había conocido a unas familias del pueblo Ayoreo, que habían salido en busca de ayuda del que había sido su hábitat durante cientos de generaciones. Se trataba de personas que habían acudido a él, y él se había hecho responsable de su protección.

Aquellos nativos ayoreos, pertenecían al grupo tribal totobiegosode, un pueblo nómada de cazadores-recolectores que siempre había evitado el contacto con grupos foráneos, sin embargo, ahora, excepcionalmente, habían solicitado su ayuda.

Pero el acontecimiento esencial que Robert Walker me contaba en su mensaje, no consistía en informarme de aquella situación poco habitual, sino en decirme que había descubierto en aquel grupo de ayoreos un hecho tan relevante que podía llegar a tener repercusiones decisivas en el resto de la humanidad. Me comentaba que desde que los conoció convivía atónito con algo sencillamente prodigioso o, tal vez, simplemente olvidado por el resto de las culturas y los pueblos en la actualidad. Describía su hallazgo, no sólo como el fenómeno más interesante de sus investigaciones como antropólogo, sino como la realidad más importante a la que él se había enfrentado a lo largo de toda su vida y, posiblemente, como el descubrimiento más influyente del siglo veintiuno. Sin embargo, aquel suceso magnífico exigía mantenerse en secreto, porque era tan importante como indefenso o vulnerable.

Otro de los mensajes procedía del campo de refugiados de Dadaab, en Kenia. Su remitente era Isabel Delgado, una psicóloga madrileña que en ese momento trabajaba como voluntaria para la organización Payasos sin Fronteras en Dadaab.

Isabel y yo compartimos viaje y trabajo como voluntarios de Payasos sin Fronteras durante un verano, en el campo de refugiados de Mwange, en Zambia, un año antes de que se realizaran las repatriaciones de gran parte de las personas que allí estaban hacia la República Democrática del Congo. En Mwange, ambos, Isabel y yo, experimentamos la contradicción brutal que ha acompañado al ser humano durante toda su historia, una paradoja que envuelve matices de profunda crueldad junto a otros de una inmensa ternura, matices que ahogan toda esperanza unidos a otros que impulsan la vida y la ilusión con fuerza. Posiblemente Mwange haya sido mi mejor escuela de teatro y, también, el curso más intenso para aprender cuál es el valor real de la vida.

En aquel correo electrónico Isabel comenzaba describiéndome cómo una combinación de hambruna y desesperación, producidas por la guerra y la sequía prolongada, empujaba a una verdadera riada humana a huir de Somalia hacia Dadaab. Allí llegaban diariamente más de mil refugiados, y un lugar que fue diseñado originariamente para albergar a unas noventa mil personas, en ese momento, acogía a casi cuatrocientos mil refugiados. A Dadaab llegaban familias exhaustas; madres envueltas en túnicas largas y abrasadas por el sol, que habían recorrido más de cien kilómetros a pie por áreas desérticas, con un niño a sus espaldas y otro en sus brazos, y, en muchos casos, madres que se habían enfrentado a la despiadada soledad de tener que sufrir solas la muerte por inanición de alguno de sus hijos, al que enterraban con sus propias manos en la arena seca del desierto, sin más consuelo que seguir andando para evitar la muerte de los otros hijos que llevaban consigo.

Sin embargo, en medio de la aridez yerma que impedía cualquier brote de optimismo, de confianza en un futuro halagüeño, Isabel había encontrado a unos niños especiales. Durante uno de sus espectáculos de payasos con marionetas, rodeada de una muchedumbre de niños seducidos por la magia de la ilusión que, tan pronto contenían la respiración en completo silencio, mientras observaban lo que iba a suceder a continuación, como estallaban en una sonora carcajada multitudinaria, Isabel contempló un hecho que la sobrecogió, que la asombró de tal manera que fue ella quien, en ese momento, se quedó totalmente callada, con la boca semiabierta y los ojos como dos platos, perpleja y abobada ante lo que acababa de ver.

Cuando reaccionó e intentó seguir con la actuación de marionetas, uno de los títeres se le cayó al suelo quedándose en una posición insólita, lo que provocó el estallido de una risotada contagiosa que prolongó el júbilo estrepitoso de aquellos niños durante varios minutos. Con ellos, impulsada por un sentimiento confuso de nerviosismo y esperanza, como reacción ante el espejismo que acababa de contemplar, Isabel rió y lloró de alegría con tanta fuerza como nunca antes lo había hecho.

Cuando finalizó la representación se acercó a los niños que tanto la habían sorprendido y descubrió que, lo que para ella suponía un fenómeno casi milagroso, en aquellos niños era una reacción espontánea, natural. Los acompañó a la caseta de palos y tela en donde encontró a sus madres con unos bebes y un anciano. Con la ayuda de un colaborador, que hablaba la lengua de aquellos niños e inglés, comprobó que se trataba de dos familias que habían llegado del sur de Somalia, de una de las zonas más despobladas de Jubbada Hoose. Las guerrillas habían atacado al clan de pastores nómadas de camellos al que pertenecían, asesinando a la mayoría de los miembros del grupo y robando su ganado.

Isabel me escribía pidiéndome ayuda urgente, me contaba, con pelos y señales, la habilidad inverosímil que había descubierto en aquellos niños. Me explicaba con desasosiego y nerviosismo la responsabilidad enorme con la que se había encontrado repentinamente, sin saber a quién acudir o en quién confiar. Me decía literalmente que "la capacidad que tenían aquellos niños para enfrentarse a los problemas, las estrategias que seguía su comportamiento ante las dificultades, eran de tal condición que abrían la posibilidad de atajar con realismo muchas de las calamidades que caracterizaban gran parte del sufrimiento de la humanidad en el siglo veintiuno". "Posiblemente, esa forma de actuar tan inaudita se pueda aprender y transmitir, pero, quizá, exija tiempo y una dedicación especial en un adulto. O, tal vez, se trate de una aptitud latente en la infancia que requiere un estímulo especial para producirse y desarrollarse en la mente y el comportamiento humano".

En su carta señalaba que, posiblemente, a lo que nos enfrentábamos y de lo que ella me hablaba era de un hecho, en cierto modo, similar a la aparición de la música en la historia de la humanidad, o al descubrimiento de la agricultura. El ser humano tenía esa capacidad antes de que se desarrollara como un fenómeno habitual, pero el mundo no fue consciente de sus posibilidades hasta que alguien comenzó a desarrollarlas.

Por otra parte, los padres de aquellos niños no estaban en condiciones de comprender el carácter insólito de la habilidad de sus hijos, estaban totalmente absortos en el esfuerzo diario por conseguir un lugar seguro y algo de alimento para mantener a su familia viva.

Isabel me insistía que aquellos niños podían representar un hito revolucionario en la historia de la humanidad y eso, por tanto, les convertía en una mercancía codiciada con la que experimentar y hacer negocio. Representaban una presa muy valiosa para toda la gente sin escrúpulos ante los que estaban asiduamente expuestos. O lo que era, si cabe, aún peor, que fueran asesinados por quienes vieran en ellos un peligro evidente para acabar con negocios como la droga e, incluso, gran parte de enfermedades psicológicas relacionadas con las depresiones, manías obsesivas o miedos irracionales.

Isabel señalaba que no encontraba respuestas para muchas dudas que le surgían. No comprendía cómo habían logrado llegar hasta allí aquellos niños sin que nadie hubiera sido consciente del poder que encerraban. Me indicaba que desconocía si en el campo de refugiados de Dadaab había más niños con las mismas cualidades. Cómo habían desarrollado esa habilidad maravillosa era realmente un misterio rodeado de incógnitas. ¿La habían aprendido de otros niños del clan del que procedían o, tal vez, la habían adquirido en el mismo campo de refugiados de Dadaab? Eran preguntas a las que Isabel era incapaz de responder en aquella situación.

Finalmente, Isabel me imploraba que me pusiera en contacto lo antes posible con ella.

Un día después de recibir el correo de Isabel, me llegó otro no menos sorprendente. Su remitente era Moshe Levi Arcolá. Un buen amigo y un viajero incansable, que ha recorrido gran parte del mundo trabajando como profesor de inglés. En ese momento me escribía desde la capital de Mongolia, Ulan Bator.

Al igual que los otros dos correos, me comentaba que le había ocurrido un hecho insólito que, de alguna forma, trastocaba el concepto de la realidad que había mantenido hasta entonces y que le exigía actuar con diligencia y sin equivocaciones, debido a la enorme responsabilidad y fragilidad de la situación en la que, sin esperarlo ni buscarlo, se había visto envuelto.

Moshe es un aventurero, un hombre fuerte y tranquilo, de gran cultura y experiencia, que ha vivido en situaciones extremas, como la guerra, y que nunca ha temido a la muerte; sin embargo, en este correo, reflejaba el tono desesperado de quien se enfrenta a un desafío que supera cualquier interés personal y soporta sobre sus decisiones y comportamiento el destino de miles de personas. Tal vez por eso, me pedía ayuda urgente.

A los pocos días de llegar a Ulan Bator, Moshe comprobó que en una ciudad de aproximadamente un millón de habitantes, vivían miles de niños mendigos en condiciones miserables, que se refugiaban en las cloacas, despreciados y marginados por la mayoría de la población. Allí la gente les llama "los niños ratas", porque, huyendo del intenso frío y los peligros de la calle, se cobijan en los recovecos del subsuelo que les ofrece el alcantarillado. Son niños abandonados por sus familias, que cada día salen a la superficie para mendigar, recoger comida de la basura o prostituirse.

Moshe se había hecho amigo de varias de las pandillas que formaban estos niños mendigos y colaboraba con ellos y con alguna institución que trataba de ayudarlos.

De forma semejante que en los otro dos casos, Moshe me describía detalladamente el sobresalto que le causó contemplar el mismo suceso que ya me habían narrado Robert Wolker e Isabel Delgado.

En el caso de Moshe, un día, mientras acompañaba a una adolescente que acababa de dar a luz en uno de los rincones húmedos de la cloaca, entre cartones y ropa sucia, junto a una fogata que él mismo mantenía ardiendo, observó que otros niños, de unos ocho o nueve años, que se habían sentado al lado del fuego mirando de reojo, con una sonrisa, al recién nacido, mientras jugaban en silencio con unas pequeñas latas, hicieron algo que Moshe nunca había visto, algo increíble.

En un principio, pensó que se había quedado dormido durante unos instantes y lo que le había parecido ver era sólo la fantasía de un sueño fugaz o una simple ilusión, como consecuencia del cansancio, el humo y la penumbra de aquella situación; pero, instantes después, aquellos niños volvieron a realizar con toda naturalidad lo mismo, dejándole atónito. Moshe les preguntó cómo habían aprendido a hacer esa especie de truco, y ellos le respondieron que se lo había enseñado Manhaisan, otro niño de las cloacas.

Moshe era consciente de que, si aquel descubrimiento caía en las manos adecuadas y se utilizaba para promover el bien de la humanidad, no sólo podía mejorar radicalmente la vida de aquellos miles de niños, sino que se convertiría en un instrumento que podía afianzar mejores condiciones de vida y desarrollo en todo el mundo. Ahora bien, si se apoderaban de ese hallazgo insólito quienes mantenían la miseria como una forma egoísta de enriquecimiento personal, lo primero que harían sería matar a los niños de las cloacas, para robarles su secreto y, luego, transformarían el poder de la habilidad que sostenían para incrementar el sufrimiento en el mundo y afianzar su hegemonía.

Mi reacción inmediata ante aquellos correos fue de confusión, de duda, de extrañeza y perplejidad ante una situación que me involucraba de forma tan rotunda en un episodio excepcional en todas sus vertientes. Sólo hacía que preguntarme cómo era posible que, de repente, en tres lugares del mundo se descubra un hecho tan sorprendente como importante y cómo podía ser que quienes habían protagonizado ese hallazgo tuvieran alguna relación conmigo, y pensaran que yo era la única persona que les podía ayudar.

Intentaba comprender lo que me estaba sucediendo, buscaba respuestas que me ayudaran a explicar por qué nadie antes había desarrollado la habilidad que mis amigos habían descubierto en aquellos niños y por qué razón, ahora, de repente, ellos habían comprobado que los seres humanos poseíamos una capacidad desconocida para la práctica totalidad de la población humana.

Sin duda existía una explicación para todo aquello. Tal vez, se trataba de algo tan simple como que los seres humanos aún estamos abiertos a desarrollar capacidades que todavía no reconocemos por diversas razones; tal vez, por el simple hecho de que, en general, no se pretende desarrollar habilidades que se desconocen, a no ser que intervengan factores que provoquen su aparición. Factores como la aparición de nuevas necesidades impuestas por un entorno o circunstancias que varían; factores como la creatividad o la simple casualidad, que nos sitúan ante realidades nuevas, que antes sólo nos parecían ficción. O, ¿quién sabe?, quizás aquel descubrimiento se trataba de un paso más en la evolución de la humanidad. No se podía descartar que, siguiendo los pasos de la evolución inacabada de la especie humana, en algunas comunidades se estaba realizado un ligero cambio genético que permitía aprender y desarrollar nuevas habilidades.

Por otra parte, no era la primera vez que algo así ocurría en la historia de la humanidad. Inventos como la escritura; destrezas como el control y uso del fuego; acontecimientos como la vida de Cristo, el reconocimiento de que la tierra no fuera el centro del universo, o el descubrimiento de la electricidad aplicado al uso doméstico, todos ellos, representaron en su momento hechos sorprendentes que tuvieron que superar la incredulidad de muchos y la transformación de hábitos o creencias de casi todos.

Sin embargo, también existía una respuesta más sencilla, no se debía descartar la hipótesis de que a lo largo de la historia hubieran aparecido diversas personas que dominaran la habilidad que hoy parecía nueva; pero, probablemente, habían sido asesinadas, para eliminar el peligro revolucionario que representaban; o, acaso, se habían mantenido ocultas por miedo a que las mataran. Si eso fuera así, y esta última hipótesis fuera la correcta, no cabía la menor duda de que ahora volvería a suceder lo mismo.

Después del desconcierto inicial, sentí que, gran parte del éxito o del acierto ante una situación como aquella, dependía de actuar con rapidez. Tan pronto como me fue posible, hablé con Netzsaj y solicité su apoyo. Puse en contacto a Robert Walker, a Isabel Delgado y a Moshe Levi Arcalá, y les pedí su colaboración para organizar un plan conjunto basado, elementalmente, en proteger a los niños y a las familias que habían mostrado aquella habilidad nueva en la historia de la humanidad y, al mismo tiempo, poner los medios adecuados para difundir correctamente esta nueva habilidad por todo el mundo, con el fin de popularizarla, democratizarla y de que pasara a ser una fuerza mundial imparable.

Prácticamente está todo ya dispuesto en la actualidad, la espera sólo se puede demorar unos pocos días, con el fin de zanjar algunos trámites y aspectos menores que necesitamos asegurar para que los acontecimientos salgan tal y como hemos pensado. Los niños y sus familias están escondidos y protegidos en un lugar seguro. Tenemos preparados los medios para difundir este hecho por Internet y televisión, para que llegue paralelamente a las principales ciudades y lugares del planeta.

Si todo sale bien, en un futuro inmediato, la humanidad recibirá una noticia de tal repercusión social y calibre que supondrá una revolución histórica. La primera consecuencia será que la mayoría de la población, en poco tiempo, se hará consciente de que tiene en sus manos la capacidad de aprender cómo transformar su vida; la gente progresivamente reconocerá que tiene el poder de crear su propio destino en función de sus intereses, provocando una trasformación social que conducirá a la humanidad a una nueva etapa histórica de mayor bienestar, libertad y dignidad.

Como resultado de este hecho revolucionario, con una rapidez inusitada en el desarrollo de los cambios históricos anteriores, se abre la posibilidad de que los seres humanos adquieran un nuevo tipo de conciencia más libre, racional y crítica que acabará con la mayoría de los miedos, los prejuicios, supersticiones, engaños y violencia en la que se ha venido sosteniendo la miseria del mundo en la actualidad. El valor de las relaciones humanas dejará de medirse por el grado de poder y dominio sobre los demás, y el hecho de enriquecerse a base de tener más bienes materiales de los necesarios para vivir, se verá como una característica propia de la inseguridad y la mediocridad de etapas salvajes y poco evolucionadas. Frente a lo anterior, el criterio que juzgará el valor de las circunstancias y de las personas evolucionará hasta estimar que lo bueno consistirá, esencialmente, en incrementar la libertad y el desarrollo de las aptitudes que fomentan una vida plena.

La respuesta inmediata a nuestra noticia será, inevitablemente, la movilización de millones de personas convertidas en grandes masas de población que trabajarán y exigirán lo que se les ha negado hasta hoy. Se extenderá como la pólvora el deseo de desarrollar con toda su complejidad lo que nuestra naturaleza humana nos ofrece; la vocación de ser y desarrollar las aptitudes que nos hagan felices se convertirá en el paradigma o ideal de la nueva etapa histórica; quienes no tienen acceso a las condiciones más básicas de bienestar construirán los medios que satisfagan esas necesidades; y quienes tienen prohibido ser y vivir en igualdad de derechos, exigirán y crearán las condiciones que acaben con los privilegios no democráticos de quienes se lo niegan. En poco tiempo el mundo sentirá que la vida merece la pena vivirse, porque se ama lo que nos puede ofrecer y lo que somos capaces de dar mientras permanecemos en ella.

A pesar de la responsabilidad y los riesgos que se desprenden de todos estos acontecimientos, el nuevo descubrimiento parece tan esperanzador y nos ha envuelto a quienes lo tutelamos en una euforia tan revitalizadora que, repentinamente, ha abierto una peligrosa desconexión con la realidad que nos ata al preciso instante que estamos viviendo. Todo lo demás ha pasado a un segundo plano, incluso los proyectos y compromisos que parecían fundamentales se han pospuesto o han quedado olvidados.

Capítulo 12

Muchas de mis preocupaciones anteriores han perdido el interés que tenían y ahora me parecen irrelevantes y lejanas. De alguna forma, hasta hace tres días, había relegado al olvido el carácter trágico que rodeó mi último encuentro con Sara, y no había vuelto a pensar en el asunto, tal vez porque lo consideraba una etapa acabada o superada en mi vida. Pero, las tragedias no acaban hasta que el destino no provoca el desenlace fatal que hace que se cumplan las peores pesadillas de sus protagonistas. Quizá, eso sea lo que me está ocurriendo con Sara.

A comienzos de esta semana, regresaba para el hotel en el que me encontraba alojado en París. Caminaba al atardecer por la calle Tres acusados, cuando un mendigo que estaba sentado en la acera se levantó con dificultad y se me acercó. Parecía que estaba borracho. Creía que venía a pedirme dinero, así que me detuve y, mientras sacaba unas monedas que llevaba en el bolsillo, me agarró del brazo. Entonces, yo le miré a la cara. Era un hombre bajo de mediana edad, que parecía mucho más viejo por el aspecto descuidado que llevaba. Tenía la impresión de que era la primera vez en mi vida que veía a aquella persona. En ese momento, murmuró algo que no comprendí y, luego, hablando en un castellano que yo apenas entendía, me preguntó:

-¿No me conoces? –Yo le respondí:

-Perdone, pero ahora no sé quién es usted.

Él miró a los lados, como queriendo asegurarse de que nadie oiría lo que me iba a contar y, tambaleándose, manteniendo el equilibrio con cierta dificultad, agarrando mi brazo con fuerza, estiró el cuello para acercarse a mi oreja y me pareció que dijo:

-Soy Sara. –Pensé que le había oído mal y le contesté:

-¿Cómo dice que se llama? –Él, entonces, mostrando cierto disgusto en su expresión, me dijo:

-¿No me conoces? Soy Sara, Sara, Sara. –Repitió en voz alta y con mal humor.

Me dejó desconcertado, no sabía que responderle. Pensé que lo que decía sólo era resultado de que estaba ebrio, y el hecho de que dijera Sara, y no cualquier otro nombre, era una simple coincidencia. Le mostré las monedas y él las recogió y se las metió en el bolsillo. A continuación, se sentó en el borde de la acera con la calzada mirando al numeroso tráfico que en ese momento pasaba.

Yo retomé mi camino hacia el hotel, pero unos segundos después, cuando apenas había avanzado cuatro metros, oí un frenazo, un golpe y gritos de transeúntes. Me volví y observé que habían atropellado a alguien que estaba tendido en el suelo. Me acerqué corriendo con la intención de ayudar a la persona atropellada, que permanecía inmóvil boca arriba, sobre el suelo de la calzada y, cuando ya estaba a su lado, comprobé que era el mismo hombre con el que acababa de hablar. Estaba muerto, había recibido un golpe tremendo en la cabeza. Entonces me di cuenta que llevaba un pequeño tatuaje en la parte inferior del cuello, debajo de la oreja izquierda tenía dibujado un rostro parcialmente oculto detrás de unas llamas.

Aquel incidente horrible, me produjo un gran malestar y me trajo el recuerdo de Sara unido a un mal presentimiento. Hacía meses que no sabía nada de ella. Conocía que su madre la había acompañado durante el periodo de rehabilitación de las quemaduras, que la mantuvo varias semanas hospitalizada. Y suponía que continuaba junto a ella.

Minutos más tarde, reanudaba mi camino hacia el hotel. Había oscurecido y todo se veía diferente con la iluminación artificial de las farolas y los escaparates. Decidí que llamaría a la madre de Sara a la mañana siguiente, cuando estuviera más tranquilo y, de alguna forma, se mitigara el malestar que me había provocado aquel suceso.

En la habitación del hotel, pese a que necesitaba concentrarme para terminar parte del trabajo que tenía programado, aún seguía pensando en la cara de aquel hombre que me preguntaba si no lo conocía, e intenté recordar quién podía conocer que tuviera un nombre similar al de Sara, pero poseo muy buena memoria y si hubiera existido lo sabría. Yo no había visto a aquel hombre hasta ese momento.

Posiblemente, como consecuencia de ese hecho, comencé a sentirme enfermo y a somatizar aquel mal presentimiento que me conectaba con el último encuentro que tuve con Sara en Madrid, en el incendio de la sacristía. Sentía náuseas, y una debilidad grande que me hacía tiritar y me provocaba vértigo. Eran señales de que, por lo que fuera, tenía fiebre. Finalmente me quedé dormido. Sé que tuve una pesadilla en la que una cara de fuego, similar a la del tatuaje que había visto en el cuello del mendigo, me tragaba y, entonces, yo me transformaba en un espectro diabólico.

Serían las tres de la madrugada cuando me desperté asustado. Había oído el mismo rugido infernal que escuché en la casa de Robyn Flamer. En ese momento, quise pensar que todo había sido una pesadilla. Permanecí en silencio unos minutos. Estaba sólo en la habitación y todo permanecía tranquilo. Entonces, sin entender por qué, sentí el olor característico que se producía con la mezcla del aroma a incienso y el olor ácido provocado por la sustancia alucinógena que despedía el tronco de los tejos. Me levanté y no pude averiguar qué producía ese olor.

En aquel momento, unos empleados del hotel llamaron a la puerta y me pidieron permiso para entrar, deseaban comprobar que no tenía ningún animal. Dentro del dormitorio notaron aquel olor raro y me preguntaron si había quemado algún tipo de incienso. Comentaron, que varios huéspedes del hotel se habían quejado en recepción por oír rugidos impresionantes que provenían de las habitaciones que yo ocupaba.

Durante la mañana siguiente, encontré un momento para llamar por teléfono a la madre de Sara. Ella me contó que, desde el día que Sara prendió fuego a la sacristía y la ingresaron en el hospital con graves quemaduras, permaneció sin pronunciar una palabra durante dos meses y, por fin, un día, sin ninguna causa aparente que lo motivara, comenzó a hablar. Una mañana, mientras desayunaba junto a su madre, Sara la miró fijamente mostrando un gesto serio y tranquilo e, inesperadamente, le pidió que la ayudara a encontrarme y matarme.

Desde aquel momento, según me dijo su madre, Sara fue desarrollando la obsesión compulsiva de querer convencer a quien veía de que yo realmente no era un ser humano, sino que era la encarnación del "maligno". Sara insistía en que el día que se quemó, pudo verme con el cuerpo no humano con el que me presenté ante ella. Se trataba de una imagen horrible, propia de un monstruo infernal, según repetía continuamente a todos. Con frecuencia dibujaba el rostro de un ser fantasmal semioculto entre las llamas, similar al tatuaje que yo encontré en el cuello del mendigo, para mostrar a quien la acompañaba cómo me había visto ella. Afirmaba que, en realidad, yo era un ser maligno, no humano, que aparentaba ser una persona para intervenir en un acontecimiento histórico sin precedentes, que me llenaría de poder y arrastraría a la humanidad a aceptar el mal como única alternativa y realidad. Los médicos le habían diagnosticado una paranoia, producida por las presiones a que fue sometida en la Asociación Cosmosófica Fider Illuminati y por los traumas psicológicos que sufrió el día que se quemó.

Cuando terminé de hablar por teléfono con la madre de Sara, me envolvió un sentimiento de profundo dolor y pesar. De alguna forma, desde que nos encontramos Sara y yo con la Asociación Cosmosófica Fider Illuminati, la persona a quien más quería me había ido convirtiendo en un ser monstruoso para ella, y yo no había podido hacer nada para cambiar aquel hecho que había acabado en una situación tan trágica.

En ese momento llevaba en el bolsillo el fósil que Netzsaj me había regalado, lo cogí con la mano y lo apreté tan fuerte como pude, como si lo quisiera utilizar de talismán para ayudarme a encontrar una respuesta. Sentía una emoción intensa de tristeza y rabia producida por aquella situación que reflejaba mi impotencia ante el sufrimiento y deterioro progresivo que padecía Sara.

Cuando abrí la mano y comprobé la señal que había dejado en mi palma el fósil, no sé por qué razón, me cuestioné la posibilidad de que Sara pudiera tener razón y su locura no fuera tal, sino un simple reflejo de su propia desesperación ante una realidad abominable, tan extremadamente irracional e inverosímil como real.

Aunque sólo fuera para intentar comprender lo que sentía Sara, me cuestioné si todo lo que ella contaba tenía el más mínimo grado de lógica y, para mi horror, progresivamente iba reconociendo que las casualidades habían ido tejiendo un entramado pavoroso que no sólo daban sentido a su locura, sino que me empujaban hacia un abismo de terrores insondables.

Posiblemente Sara había sido víctima de sus propios miedos, de su debilidad ante el prejuicio supersticioso que anula la percepción racional de la realidad. Pero, yo había presenciado hechos que superaban cualquier narración de lo que se encuadra dentro de los sucesos normales. Durante los últimos meses había sido testigo de acontecimientos que desbordaban los límites de la lógica de lo cotidiano y penetraban en el terreno de lo mágico y lo que se concebía como sobrenatural.

¿Y si lo que Sara defendía hasta hundirse en la locura no fuera totalmente irreal, no fueran simples alucinaciones, y tuviera razón?

J.A. Crespo Cabornero

Guía didáctica
Cuestionario y actividades

¿Los perjudicados son los culpables? El abismo del miedo y la duda es una propuesta literaria que busca entretenernos, divertirnos, envolvernos en el mundo a veces misterioso, a veces trágico, que rodea a los personajes. Sin embargo, también se trata de una historia que pretende movernos a reflexionar sobre la complejidad de las relaciones humanas.

En este apartado final se ofrece una guía didáctica para ser utilizada en clase, en el contexto de diversas asignaturas, o a nivel personal, que servirá de apoyo útil para realizar un trabajo de análisis y reflexión sobre la historia que se desarrolla en la novela. Con ese objetivo sugerimos el siguiente cuestionario y actividades.

Capítulo 1

1. ¿Cuál consideras que es la relación entre el miedo y la libertad?

2. ¿Cuándo piensas que la rutina, lo cómodo y lo fácil pueden convertirse en un peligro para la libertad y el desarrollo de las personas?

Actividad: Realiza una puesta en común en clase sobre el uso del miedo como instrumento educativo; por ejemplo, en los cuentos o en la alusión a personajes fantásticos propios del terror popular, como "el hombre del saco" o "el coco", utilizados para controlar la conducta de los niños.

Capítulo 2

1. Del personaje de Sara se dice que es supersticioso. ¿Qué características convierten a una creencia en supersticiosa? ¿Cuáles son las supersticiones más habituales y cuáles son las más perniciosas?

2. ¿Cuándo una agrupación se considera secta? ¿Cuáles son los rasgos más característicos de las sectas?

Actividad: Realizar una puesta en común sobre las razones que empujan a las personas a formar parte de las sectas.

Capítulo 3

1. El protagonista de la historia se ve envuelto en un acoso intimidatorio cargado de violencia, con amenazas que muestran su indefensión en su propia casa o trabajo. ¿Hasta qué punto y en qué casos se utiliza hoy la violencia como un recurso de intimidación social?

2. Existen fenómenos envueltos en casualidades sorprendentemente inverosímiles, sucesos que rozan los bordes de lo inexplicable por su proximidad con lo mágico y lo fantástico. ¿Has experimentado o has oído hablar de algún hecho de ese tipo?

Actividad: Que los alumnos relaten historias populares, leyendas o narraciones tradicionales conectadas con hechos que parecen sobrenaturales, y juzguen qué puede existir de verdad y qué de fantasía en esas historias.

CAPÍTULO 4

1. Con frecuencia, las noticias sobre un mismo hecho varían en función de los intereses de quienes nos las cuentan. ¿Hasta qué punto la información general a la que accedemos los ciudadanos a través de los medios de comunicación de masas, crees que es manipulada y parcial, con el objetivo de afianzar los intereses de quienes tienen el control de esa información?

2. ¿Cuándo piensas tú que en la actualidad el dicho popular: “pagan inocentes por culpables”, se puede aplicar a grupos sociales desfavorecidos como mendigos, niños abandonados, etc.?

Actividad: Entre todos los alumnos, elaborar una lista de grupos de personas que sufren las consecuencias más dolorosas del mal funcionamiento de nuestra sociedad. Un ejemplo pueden ser los mendigos.

Capítulo 5

1. Henry Lon Walthall es un personaje que había conocido el éxito y la riqueza, pero su vida empeoró de tal manera que había acabado siendo un indigente. ¿Conoces a alguien que haya sufrido cambios tan drásticos en su vida?, ¿qué motivaron esos cambios? ¿Crees que todos, incluso nosotros, estamos abiertos a padecer situaciones de miseria y sufrimiento terribles?

2. En un momento de este capítulo se dice que “no hay mayor fortuna en la vida que tener confianza en uno mismo”, haciendo una alusión a Séneca. ¿Cómo consideras que se adquiere la confianza en uno mismo?

Actividad: Buscar información sobre quién fue Séneca. Comentar en el aula la mencionada propuesta de Séneca y otras de la filosofía estoica para promover la felicidad.

Capítulo 6

1. En este capítulo existen diversas alusiones a la muerte. ¿Qué crees que los vivos debemos aprender de los que ya han muerto y del fenómeno de la muerte en sí?

2. El protagonista busca información en la prensa digital sobre el suceso en el que se ha visto envuelto en la casa de las hermanas Brown, pero no encuentra nada. ¿Por qué patrón o criterio crees que se guían los titulares de los medios de información, por el de defender la dignidad o el de tener más clientes o ganancias? Razona tu respuesta.

Actividad: Recopilar titulares de la prensa y comentarlos en clase. Reflexionar sobre los posibles intereses, no explícitos, que hacen que los titulares sean escogidos como la información más importante.

Capítulo 7

1. En este capítulo se cita la oda XI de Horacio en la que se anima a Leucónoe, hija de Neptuno, a disfrutar de cada instante de la vida sin confiar demasiado en el futuro. ¿Qué sentido tiene este consejo para ti?

2. El ritual en el que participa el protagonista le sitúa ante su propia muerte y le empuja a preguntarse sobre qué es lo más interesante de su propio vivir. ¿Qué es lo que consideras más importante en tu vida? ¿Eres coherente con esa consideración?

Actividad: Realizar una puesta en común, en la que se razone entre todos cuáles son los principales objetivos y sentido de la vida de los alumnos.

Capítulo 8

1. El dicho "las apariencias engañan" refleja una de las ideas esenciales que transmite esta novela. ¿Con qué ejemplos concretos opinas que se puede documentar esa idea?

2. En tu opinión, ¿cómo piensas que se puede superar el carácter engañoso de las apariencias? ¿Qué se debe hacer para aprender a buscar la verdad, más allá de las apariencias?

Actividad: Realizar una discusión en el aula sobre el carácter fraudulento o capcioso de la información publicitaria.

Capítulo 9

1. ¿En qué consiste un comportamiento éticamente correcto, según comentan los protagonistas de la historia en este capítulo?

2. ¿Qué principios éticos se citan en este capítulo? ¿Conoces algún otro principio ético?

Actividad: Realizar un debate en clase sobre el vigor del principio "el fin justifica los medios" en la sociedad contemporánea. Indicar cuándo su utilización es adecuada y cuándo no es correcta.

Capítulo 10

1. La mayoría de los ciudadanos pensamos en las cárceles como lugares ajenos a nosotros, como espacios reservados para personas distantes a nosotros. ¿Has pensado que tú, o un familiar tuyo, podéis llegar a ser víctimas de alguna injusticia que os lleven a pasar parte de vuestra vida en prisión?

2. En este capítulo se habla de ritos y ceremonias relacionados con creencias. ¿Cuáles consideras que son las diferencias entre las creencias religiosas y las supersticiosas, entre la religión y la superstición?

Actividad: Realizar una discusión sobre los aspectos positivos y negativos del sistema penitenciario actual, proponiendo otras alternativas a este sistema.

Capítulo 11

1. Conforme a la reflexión que el protagonista de la historia desarrolla en este episodio, nuestra sociedad experimenta una serie de contradicciones que muestran la debilidad de su funcionamiento. ¿A qué contradicciones se refiere? ¿Cómo se pueden superar?

2. Conforme a lo que el protagonista piensa, ¿qué relaciones existen entre el miedo, la libertad y el deseo de conservar la seguridad que hemos conseguido?

Actividad: El protagonista recibe tres correos electrónicos en los que se le confía el secreto de un descubrimiento que cambiará la marcha de la humanidad. Elaborar una puesta en común en clase realizando una lista de hechos o inventos que puedan mejorar las condiciones de la humanidad en su conjunto.

Capítulo 12

1. Según avanzan los sucesos en la vida del protagonista, él considera que va cambiando y que, por tanto, necesita transformarse para estar a la altura de superar las dificultades de la etapa en la que se encuentra. ¿Cuáles consideras que son los hechos más importantes de la etapa de la vida en la que estás y cuáles las dificultades más serias a las que te vas a enfrentar?

2. ¿Consideras que la creencia de que los seres humanos tenemos un destino prefijado es un prejuicio supersticioso que limita nuestra libertad? Razona tu respuesta.

Actividad: Realizar entre todos los alumnos una lista de diez actividades o circunstancias que nos hagan más libres y diez que nos hagan menos libres.

ÍNDICE

Made in the USA
Monee, IL
08 November 2026

67968591R00095